Bitt Gott für uns, Maria

Bitt Gott für uns,

Maria

Maiandachten aus Klöstern

benno

Bibliografische Informationen der Deutschen Nationalbibliothek
Die Deutsche Nationalbibliothek verzeichnet diese Publikation
in der deutschen Nationalbibliografie;
detaillierte bibliografische Daten sind im Internet
über http://dnb.d-nb.de abrufbar.

Besuchen Sie uns im Internet unter:
www.st-benno.de

ISBN 978-3-7462-2864-8

© St. Benno-Verlag GmbH
04159 Leipzig, Stammerstr. 11
Umschlaggestaltung: Ulrike Vetter, Leipzig,
unter Verwendung eines Bildes von © akg-images/Erich Lessing
Gesamtherstellung: Kontext, Lemsel (A)

Inhaltsverzeichnis

Maria, Mutter unseres Heilandes, bitte für uns

Dienerinnen des heiligsten Herzens Jesu, Wien

Lied: Gegrüßet seist du, Königin (GL 573,1-3)

V: Mutter, ich verweile so gern in andächtigem Gebet vor deinem Gnadenbild. Der Anblick deines Bildes erweckt in meiner Seele inniges und kindliches Vertrauen. In deinen Armen ruht dein Kind, Jesus, mein Erlöser und mein Gott, der Allmächtige, der Herr über Leben und Tod, der Geber alles Guten und aller Gnaden.

A: Du bist meine Mutter. Noch nie hat das Kind in deinen Armen dir eine Bitte abgeschlagen. Darum, o Mutter meines Heilands, rufe ich zu dir, bitte ich dich um deine alles vermögende Fürsprache. Ich wende mich an dich mit vollem Vertrauen. Ich bin überzeugt, du wirst für mich bei deinem Kind eintreten.

Gegrüßet seist du, Maria …

Ehre sei dem Vater …

Lied: Meerstern, ich dich grüße (Liedanhang, Str. 1)

V: Mutter, in diesem Kindlein, das du an dein Herz drückst, siehst du nicht nur deinen Sohn und den Sohn Gottes, sondern auch alle Menschen, die durch Gottes Willen und nach deinem Wunsch dir anvertraut worden sind. Kannst du die heilige Stunde von Kalvaria vergessen, da dein sterbender Sohn dich uns zur Mutter schenkt? Wie das Kind auf dem Gnadenbild sich beim Anblick des Kreuzes erschrocken in deine Arme wirft, um bei dir Schutz und Trost zu suchen, so darf jede betrübte und trostlose Seele sich vertrauensvoll an dich wenden. Auch ich komme in meiner Bedrängnis zu dir, Mutter, um Schutz und Beistand zu suchen.

A: Maria, meine liebe Mutter, hier knie ich in kindlicher Einfalt zu deinen Füßen, um dir zu sagen, wie sehr ich dich liebe und wie glücklich ich bin, dein Kind zu sein. Ich vertraue dir mein Leid an. Hilf mir!

Gegrüßet seist du, Maria …

Ehre sei dem Vater …

Lied: Meerstern, ich dich grüße (Liedanhang, Str. 2)

V: Maria, du bist die Gesegnete unter allen Frauen, die schönste Zierde des Weltalls, das Geschöpf, das würdig befunden wurde, Mutter des Gottessohnes zu werden. Du bist die Unbefleckte, die ganz Heilige, das Wunderwerk des Allerhöchsten, der Gipfel der Vollkommenheit. Jubelnd huldige ich dir als der Königin des Himmels und der Erde.

A: Wunderbare Mutter, freudigen Herzens verkündige ich deine Größe und deine Würde. Obwohl du himmelhoch über mir stehst, wage ich, zu dir zu kommen; denn darum hat Gott dich so mächtig gemacht, dass du mir in meinen Nöten zu Hilfe kommst. Du freust dich nur deshalb deiner Macht, du demütige Magd des Herrn, weil sie dir erlaubt, mir zu helfen. Erlange mir durch deine alles vermögende Fürbitte die Gnade, die ich erbitte.

Gegrüßet seist du, Maria …

Ehre sei dem Vater …

Lied: Meerstern, ich dich grüße (Liedanhang, Str. 3)

V: Aus dir, dem edlen Reis der Wurzel Jesse, erblühte die herrlichste aller Blumen: Jesus.

A: Wir können ihn nur aus ganzem Herzen lieben, der uns Menschen gleich geworden ist.

V: Liebenswürdigste Mutter, wie leicht machst du es mir, die Lasten des Alltags und das Joch der Pflichten zu tragen!

A: Schon der Gedanke an dich bringt meinem Herzen Freude. Dein Name gibt meiner gequälten Seele Ruhe und Frieden.

V: Alle Tage meines Lebens will ich dir sagen: Meine Mutter, wert aller Liebe, ich liebe dich.

A: Durch dich und mit dir liebe ich deinen göttlichen Sohn. Du meine Hoffnung, erhöre mich!

Gegrüßet seist du, Maria …

Ehre sei dem Vater …

Lied: Meerstern, ich dich grüße (Liedanhang, Str. 4)

V: Du wirst mit Recht die Mutter der Schmerzen genannt. Das Schwert der Schmerzen durchschnitt dein Herz. Als Mutter der Schmerzen bist du Mithelferin beim Werk der Erlösung.

A: Darum ist deine Macht so groß und deine Fürsprache so entscheidend bei Gott.

V: Sieh, Mutter der Schmerzen, ich habe Mitleid mit dir und mit dem Leiden deines Sohnes. Meine Sünden haben Jesus ans Kreuz genagelt und dein Mutterherz verwundet.

A: Um deiner tiefen Leiden willen bitte ich dich, du Schmerzensreiche, gib mir wahre Reue über meine Sünden und die Kraft, sie künftig zu meiden.

Gegrüßet seist du, Maria …

Ehre sei dem Vater …

Lied: Meerstern, ich dich grüße (Liedanhang, Str. 5)

V: Mutter, du bist die Schatzmeisterin Gottes. Alle Gnaden fließen den Menschen durch deine mütterliche Hand zu. Deshalb komme ich in meiner Not zu dir.

A: Hilf mir, weil du die Mutter der Schmerzen und meine Mutter bist.

V: Als seine Mutter stehst du dem göttlichen Herzen so nahe. Es kann dir keine Bitte abschlagen. Als Mutter der Schmerzen hast du den Gnadenschatz der Erlösung, aus dem du mit vollen Händen schöpfen kannst, mitgegründet.

A: Als unsere Mutter fühlst du dich verpflichtet, uns zu helfen.

V: Deshalb komme ich in meinen schweren Anliegen mit Vertrauen zu dir.

A: Wer zu dir ruft, ist deines Schutzes gewiss.

V: Ich will dir in Treue dienen, dann bin ich meines ewigen Heiles sicher; denn Gott verlässt die Seele nicht, die sich dir geweiht hat.

A: Erflehe mir die Gnade, die ich von deiner mütterlichen Güte zu erhalten hoffe.

Gegrüßet seist du, Maria …
Ehre sei dem Vater …

Lied: Meerstern, ich dich grüße (Liedanhang, Str. 6)

V: Mutter, wenn ich an mein großes Sündenelend denke, beschleicht meine Seele ein Gefühl der Angst. Dürfte ich es wagen, mich an dich zu wenden, wenn du mir sagst:

A: Kind habe Vertrauen! Ich bin die Mutter der Barmherzigkeit, immer bereit, Wunden zu heilen.

V: Mutter, die du immer hilfst, auf deine Huld und deine Milde baue ich.

A: Auf dein mitfühlendes Herz setze ich mein ganzes Vertrauen.

V: Mutter, schaue nicht auf meine Sünden; schütze mich, tröste mich, hilf mir und gib mir, um was ich bitte.

A: Meine teure Mutter, an dir ist es, mich zu retten.

Gegrüßet seist du, Maria …

Ehre sei dem Vater …

Lied: Gegrüßet seist du, Königin (GL 573,4-6)

A: Wir kommen, dich zu schauen
auf deinem Gnadenthron
und flehen mit Vertrauen
zu dir und deinem Sohn.
Vertrauen deinem Herzen
all unsere Not und Schmerzen,
Maria, o Maria, Maria, immer hilf!
O Mutter, einst im Sterben,
in unsrer letzten Not,
hilf uns das Heil erwerben
durch einen sel'gen Tod.
Lass, wenn die Augen brechen,
noch Herz und Lippen sprechen:
Maria, o Maria, Maria, immer hilf!

Lesung aus dem Evangelium nach Johannes
(Joh 19,25-27):

Bei dem Kreuz Jesu standen seine Mutter und die Schwester seiner Mutter, Maria, die Frau des Klopas, und Maria von Magdala. Als Jesus seine Mutter sah und bei ihr den Jünger, den er liebte, sagte er zu seiner Mutter: Frau, siehe, dein Sohn! Dann sagte er zu dem Jünger: Siehe, deine Mutter! Und von jener Stunde an nahm sie der Jünger zu sich.

Stille

Maria bleibt auch am Rande des Kreuzes eine Mitleidende. Ihre Zustimmung war gereift und erprobt auf den Wegen, die Gott sie führte. Ihr Mitleid ist nicht Selbstmitleid, sondern nimmt vorweg, was Paulus später den Christen empfiehlt: *„Wir ergänzen durch unsere Leiden, was am Leiden Christi noch fehlt."* Maria kann uns zeigen, dass im Leiden Erlösung steckt, dass das Kreuz, wenn es von Gott angenommen wird, Segen bringt und dass der Tod, der demütig als Konsequenz unserer Sünde angenommen wird, das Tor zum Leben öffnet.

Maria unter dem Kreuz, scheinbar an den Rand des Geschehens gerückt, wird dennoch zum Mittelpunkt. Der Evangelist Johannes schildert die Szene. Der gekreuzigte Jesus neigt sich hinab zu seinem Lieblingsjünger und sagt: *„Siehe da, deine Mutter."* Und er neigt sich zu seiner Mutter und sagt: *„Siehe da, dein Sohn!"* Scheinbar entfernt sich Jesus ganz von seiner Mutter. Aber nur scheinbar. Ist nicht Maria, die unter dem Kreuz ausharrt, ihrem Sohn jetzt besonders nahe? Maria, die ihren Sohn hergibt in das Leiden und in den Tod, wird ihm in einer neuen Verwandtschaft verbunden. Sie wird zum Urbild der Kirche. Nicht nur Johannes wird ihr anvertraut, sondern mit Johannes die kommenden Jünger Christi, das sind wir. Maria führt uns zur Quelle der Erlösung. Wie damals in Kana, so sagt sie jetzt auch unter dem Kreuz: *„Was er euch sagt, das tut!"*

P. Gerhard Eberts MSF

Litanei zu Ehren unserer Lieben Frau von der immerwährenden Hilfe:

V: Herr, erbarme dich unser.
A: Herr, erbarme dich unser.
V: Christus, höre uns.
A: Christus, erhöre uns.
V: Gott Vater im Himmel
A: Erbarme dich unser.
V: Gott Sohn, Erlöser der Welt
V: Gott Heiliger Geist
V: Heiliger dreifaltiger Gott

V: Heilige Maria

A: Bitte für uns!

V: Heilige Gottesmutter

V: Heilige Jungfrau, ohne Erbsünde empfangen

V: Unsere Liebe Frau von der immerwährenden Hilfe

V: Wir armen Sünder rufen zu dir:

A: O Maria, immer hilf

V: Dass wir Gott, das höchst Gut, aus ganzem Herzen lieben.

V: Dass wir Jesus, deinem göttlichen Sohn, in allem gleichförmig werden.

V: Dass wir zu dir, du allerseligste Jungfrau, eine zarte und innige Andacht tragen.

V: Dass wir die Sünde meiden und nach den Geboten Gottes leben.

V: Dass wir häufig der Letzten Dinge gedenken.

V: Dass wir die heiligen Sakramente oft und würdig empfangen.

V: Dass wir die nächste Gelegenheit zur Sünde nach Kräften meiden.

V: Dass wir keinen Tag unseres Lebens das Gebet unterlassen.

V: Dass wir besonders in der Stunde der Versuchung beten.

V: Dass wir großmütig unseren Feinden verzeihen und allen Menschen Gutes wünschen.

V: Dass wir unsere Bekehrung nicht von einem Tag auf den anderen verschieben.

V: Dass wir mit allem Eifer an der Ausrottung unserer schlechten Gewohnheiten arbeiten.

V: Dass wir in der Gnade und Freundschaft Gottes leben und sterben.

V: In allen Anliegen des Leibes und der Seele

V: In Krankheit und Schmerz

A: O Maria, immer hilf

V: In Armut und Not

V: In Verfolgung und Verlassenheit

V: In Kummer und Betrübnis aller Art

V: In Zeiten unseliger Kriege und ansteckender Krankheiten

V: In allen Nachstellungen der höllischen Geister

V: In der Versuchung von Seiten der trügerischen Welt

V: In den Kämpfen gegen die Neigungen der verderbten Natur

V: In den Anfechtungen gegen die heilige Tugend der Reinheit

V: In jeder Gefahr zu sündigen

V: Wenn wir am Ende dieser irdischen Laufbahn angelangt sind

V: Wenn wir auf dem Sterbelager hingestreckt liegen

V: Wenn der Gedanke an die nahe Auflösung uns mit Furcht und Schrecken erfüllen wird

V: Wenn in der alles entscheidenden Stunde die höllischen Geister uns in Verzweiflung bringen wollen.

V: Wenn der Priester des Herrn uns die Lossprechung und seinen letzten Segen erteilen wird.

V: Wenn Verwandte und Freunde unser Totenbett umgeben und schluchzend für uns beten werden.

V: Wenn die Augen erlöschen und das Herz zu schlagen aufhört

V: Wenn wir unseren Geist in die Hände des Schöpfers zurückgeben

V: Wenn unsere Seele vor dem Richter erscheint

V: Wenn der entscheidende Urteilsspruch ergehen soll

V: Wenn wir im Fegfeuer leiden und nach der Anschauung Gottes schmachten

V: Lamm Gottes, du nimmst hinweg die Sünde der Welt,

A: verschone uns, o Herr.

V: Lamm Gottes, du nimmst hinweg die Sünde der Welt,

A: erhöre uns, o Herr.

V: Lamm Gottes, du nimmst hinweg die Sünde der Welt,

A: erbarme dich unser, o Herr.
V: Christus, höre uns.
A: Christus, erhöre uns.

A: Vater unser, …

Gegrüßet seist du, Maria …

Bitte für uns, heilige Gottesgebärerin, auf dass wir würdig werden der Verheißungen Christi.

V: Lasset uns beten. O Gott, du hast gewollt, dass die Mutter deines eingeborenen Sohnes die immerwährende Hilfe der Christen auf Erden sei. Verleihe uns die Gnade, sie in allen Anliegen des Leibes und der Seele vertrauensvoll anzurufen, damit wir durch ihren Schutz und Beistand gerettet, zur immerwährenden Anschauung deiner Herrlichkeit im Himmel gelangen mögen. Durch Christus, unsern Herrn.

A: Amen.

Lied: Freu dich, du Himmelskönigin (GL 576,1-4)

Lasset uns beten:

Allmächtiger Gott, durch die Auferstehung deines Sohnes, unseres Herrn Jesus Christus, hast du die Welt mit Jubel erfüllt. Lass uns durch seine jungfräuliche Mutter Maria zur unvergänglichen Osterfreude gelangen. Darum bitten wir durch Christus, unseren Herrn. Amen.

V: Der Segen des Vaters, die Liebe des Sohnes
und die Kraft des Heiligen Geistes,
der mütterliche Schutz der Königin,
der Beistand der heiligen Engel
und die Fürbitte aller Heiligen
begleite uns
überall und jederzeit!
Im Namen des Vaters und des Sohnes
und des Heiligen Geistes. Amen.

Sr. M. Klara Hahnova SSCJ

Maria, du Pforte des Himmels, bitte für uns!

Dienerinnen des heiligsten Herzens Jesu, Wien

Lied: Nun, Brüder, sind wir frohgemut (Liedanhang, Str. 1-2)

V: Gegrüßet seist du, Maria, denn du bist nicht nur Jesu Mutter, du bist unter dem Kreuz auch die Mutter seiner Brüder geworden.

A: Gegrüßet seist du, Maria, denn du nimmst seine letzten Worte ernst, du schenkst deine Mutterschaft der ganzen Welt.

V: Gegrüßet seist du, Maria, denn du bist offen für Gottes Geist. So wirst du zuerst Mutter Gottes und dann unsere Mutter.

A: Gegrüßet seist du, Maria, denn du bist das Urbild der Kirche. Nur wenn sie offen ist für den Geist, werden ihr Söhne und Töchter geschenkt.

V: Dich, Maria, grüßen wir, erhabene Mutter des Erlösers. Du hast ihn getragen und geboren, den die Welt nicht fassen kann.

A: Der Herr hat Großes an dir getan, selig preisen dich alle Geschlechter.

V: Von Urbeginn, bevor die Erde war, vor aller Zeit bist du erwählt. Kein Geschöpf ist dir an Würde gleich, dein Kind ist Gottes Sohn.

A: Gegrüßet seist du, Maria, voll der Gnade, der Herr ist mit dir.

V: Gesegnet seist du, o Tochter, von Gott, dem Allerhöchsten, mehr als alle Frauen auf der Erde.

A: Du bist gebenedeit unter den Frauen und gebenedeit ist die Frucht deines Leibes.

V: Du bist die Mutter der Christenheit. Trag unsere Bitten hin zu ihm, der für uns Mensch geworden ist.

A: Dich, Maria, grüßen wir, erhabene Mutter des Erlösers.

V: Heilige Mutter, du bist die Mutter unseres Herrn und Bruders Jesus Christus.

A: Du bist auch unsere Mutter und das Urbild der mütterlichen Kirche.

V: Gabriel nennt dich Begnadete, denn du bist voll der Gnade.

A: Auch uns hat der Herr aus Gnade zum Heil berufen.

V: Dich hat Gott unvergleichbar hoch erhoben und gekrönt.

A: Uns hat er zu einer königlichen Priesterschaft gemacht.

V: Du bist die strahlende Morgenröte der Erlösung.

A: Wir sollen das Licht der Welt sein.

V: Elisabet preist dich selig, weil du geglaubt hast.

A: Bitte für uns, dass unser Glaube stark wird.

V: Voll Hoffnung hast du mit den Jüngern im Gebet verharrt.

A: Bitte für uns, dass unsere Hoffnung fester wird.

V: Du warst allezeit erfüllt von der Liebe zum Vater.

A: Bitte für uns, dass unsere Liebe wächst.

V: Du warst erfüllt von mütterlicher Liebe.

A: Hilf, dass wir mitwirken an der Wiedergeburt der Menschen in Christus.

Lied: Nun, Brüder, sind wir frohgemut (Liedanhang, Str. 3-4)

Aus der frohen Botschaft nach Lukas (Lk 11,27-28):

„Als Jesus zur Menge redete, rief eine Frau ihm zu: Wohl der Frau, deren Leib dich getragen und deren Brust dich genährt hat. Er aber erwiderte: Wohl denen, die das Wort Gottes hören und es befolgen."

Maria lernte in ihrem Sohn Gott kennen. Jenen Gott, zu dem sie in ihren Psalmen gebetet und dessen Gesetz sie zur Richtschnur ihres Herzens gemacht hat. Wie Jesus die Jünger lehrt, den fernen Gott als Vater anzusprechen, begegnet Maria diesem Vater-Gott im Kommen ihres Sohnes.

Mit jedem Schritt, den Jesus, ihr Sohn, macht, mit jedem Wort, das er spricht, und jeder Tat, die er setzt, erlebt Maria, dass in Jesus Gott selber handelt. Ein ergreifender Austausch von Lehren und Lernen entwickelt sich zwischen Mutter und Sohn.

Jesus kümmert sich um die Kranken, die Ausgestoßenen und die Sünder. Er rafft nicht die Säume seines Gewandes zusammen, weil ihn die Berührung mit diesen Leuten sonst kultisch verunreinigt. Er beugt sich zu ihnen. Er liebt sie. Er heilt. So also will Gott handeln, denkt Maria. Jesus stellt die verstoßenen Aussätzigen in die Mitte. Er nimmt Partei für die Sünderin. Er duldet, dass eine Frau ihm die Füße wäscht. Er ruft ungebildete Fischer, damit sie das Evangelium verkünden. Er lobt den Glauben eines römischen Beamten. So also will Gott handeln, denkt Maria.

Das alles erfüllte Maria mit Vertrauen zu Gott. Das alles machte ihr Leben zu einem dankbaren Lied.

Maria weiß: Jesus ist ihr Kind – und er ist zugleich der

Sohn des himmlischen Vaters. Er ist ihr geschenkt – aber nur, damit sie ihn weggibt. In ihrem Gehorsam ahmt sie Gott nach, der seinen Sohn dahingab für das Leben der Welt.

Gebet:
Herr Jesus Christus, wir danken dir für deine Mutter. Sie, die dich geboren hat, ist zugleich deine treue Jüngerin geworden. Als alle dich verließen, hat sie ausgeharrt unter dem Kreuz. Hilf uns, ihrem Ruf zu folgen: *„Was er euch sagt, das tut."*

P. Gerhard Eberts MSF

A: Gegrüßet seist du, Maria…

Lied: Milde Königin, gedenke, wie's auf Erden (Liedanhang, Str. 1-2;)

V: Wir erflehen die Fürbitte Mariens für alle Menschen, dass sie wie die Hirten Gottes Anruf hören und Jesus finden.
V: Für die heilige Kirche Gottes auf ihrem Weg durch die Zeit.
A: Erbitte Gottes Segen.

V: Für unseren Heiligen Vater in seinem Amt der Leitung und im Dienst der Einheit der Kirche.

V: Für unsere Priester.

V: Für alle mutigen Bekenner und jene, die wegen ihres Glaubens verfolgt werden.

V: Für uns alle, die wir versuchen, den Glauben zu leben.

V: Für unsere Pfarrgemeinden in Stadt und Land.

V: Für unser Volk und seine Politiker.

V: Für die Eheleute und die Familien.

V: Für die Kinder und die Jugend.

V: Für die Lehrer und Erzieher.

V: Für die Alten und Einsamen.

A: Erbitte Gottes Segen.

V: Für die Suchenden und Verzweifelten.

V: Für unsere Felder und Fluren.

V: Gott, unser Vater, höre auf die Fürsprache der Mutter Maria und erfülle unsere Bitten durch Christus, unsern Herrn.

Lied: Milde Königin, gedenke, wie's auf Erden (Liedanhang, Str. 3-4)

Litanei zu Ehren unserer Lieben Frau von der immerwährenden Hilfe

V: Herr, erbarme dich unser.
A: Herr, erbarme dich unser.
V: Christus, höre uns.
A: Christus, erhöre uns.
V: Gott Vater im Himmel
A: Erbarme dich unser.
V: Gott Sohn, Erlöser der Welt
V: Gott Heiliger Geist
V: Heiliger, dreifaltiger Gott
V: Heilige Maria
A: Bitte für uns!
V: Heilige Gottesmutter
V: Heilige Jungfrau, ohne Erbsünde empfangen
V: Unsere Liebe Frau von der immerwährenden Hilfe
V: Wir armen Sünder rufen zu dir:
A: O Maria, hilf!
V: Dass wir Gott, das höchst Gut, aus ganzem Herzen lieben.
V: Dass wir Jesus, deinem göttlichen Sohn, in allem gleichförmig werden.
V: Dass wir zu dir, du allerseligste Jungfrau, eine zarte und innige Andacht tragen.

V: Dass wir die Sünde meiden und nach den Geboten Gottes leben.

V: Dass wir die heiligen Sakramente oft und würdig empfangen.

V: Dass wir keinen Tag unseres Lebens das Gebet unterlassen.

V: Dass wir besonders in der Stunde der Versuchung beten.

V: Dass wir großmütig unseren Feinden verzeihen und allen Menschen Gutes wünschen.

V: Dass wir unsere Bekehrung nicht von einem Tag auf den anderen verschieben.

V: Dass wir mit allem Eifer an der Ausrottung unserer schlechten Gewohnheiten arbeiten.

A: O Maria, hilf!

V: Dass wir in der Gnade und Freundschaft Gottes leben und sterben.

V: In allen Anliegen des Leibes und der Seele

V: In Krankheit und Schmerz

V: In Armut und Not

V: In Verfolgung und Verlassenheit

V: In Kummer und Betrübnis aller Art

V: In Zeiten unseliger Kriege und ansteckender Krankheiten

V: In jeder Gefahr zu sündigen

V: Wenn wir am Ende dieser irdischen Laufbahn angelangt sind

V: Wenn wir auf dem Sterbelager liegen

V: Wenn der Priester des Herrn uns die Lossprechung und seinen letzten Segen erteilen wird

V: Wenn die Augen erlöschen und das Herz zu schlagen aufhört

V: Wenn wir unseren Geist in die Hände des Schöpfers zurückgeben

V: Wenn unsere Seele vor dem Richter erscheint

V: Lamm Gottes, du nimmst hinweg die Sünde der Welt,
A: verschone uns, o Herr.

V: Lamm Gottes, du nimmst hinweg die Sünde der Welt,
A: erhöre uns, o Herr.

V: Lamm Gottes, du nimmst hinweg die Sünde der Welt,
A: erbarme dich unser, o Herr.

V: Christus, höre uns.
A: Christus, erhöre uns.

A: Vater unser, …

Gegrüßet seist du, Maria …

Bitte für uns, heilige Gottesgebärerin, auf dass wir würdig werden der Verheißungen Christi.

V: Lasset uns beten. O Gott, du hast gewollt, dass die Mutter deines eingeborenen Sohnes die immerwährende Hilfe der Christen auf Erden sei. Verleihe uns die Gnade, sie in allen Anliegen des Leibes und der Seele vertrauensvoll anzurufen, damit wir, durch ihren Schutz und Beistand gerettet, zur immerwährenden Anschauung deiner Herrlichkeit im Himmel gelangen mögen. Durch Christus, unsern Herrn.

A: Amen.

Lied: Freu dich, du Himmelskönigin (GL 576,1-4)

Lasset uns beten:
Allmächtiger Gott, durch die Auferstehung deines Sohnes, unseres Herrn Jesus Christus, hast du die Welt mit Jubel erfüllt. Lass uns durch seine jungfräuliche Mutter Maria zur unvergänglichen Osterfreude gelangen. Darum bitten wir durch Christus, unseren Herrn. Amen.

A: Unter deinen Schutz und Schirm fliehen wir, heilige Gottesmutter. Verschmähe nicht unser Gebet in unseren Nöten, sondern errette uns jederzeit aus allen Gefahren, o du glorwürdige und gebenedeite

Jungfrau, unsere Frau, unsere Mittlerin, unsere Fürsprecherin.

Führe uns zu deinem Sohne, empfiehl uns deinem Sohne, stelle uns vor deinem Sohne. Amen.

Gegrüßet seist du, Maria …

Segensgebet:

Herr, segne meine Hände,
dass sie behutsam seien, dass sie halten können,
ohne zur Fessel zu werden,
dass sie geben können ohne Berechnung,
dass ihnen innewohne die Kraft zu trösten und zu
segnen.

Herr, segne meine Augen,
dass sie Bedürftigkeit wahrnehmen,
dass sie das Unscheinbare nicht übersehen,
dass sie hindurchschauen durch das Vordergründige,
dass andere sich wohlfühlen können unter meinem
Blick.

Herr, segne meine Ohren,
dass sie deine Stimme zu erhorchen vermögen,
dass sie hellhörig seien für die Stimme der Not,

dass sie verschlossen seien für den Lärm und das Geschwätz,
dass sie das Unbequeme nicht überhören.

Herr, segne meinen Mund,
dass er dich bezeuge,
dass nichts von ihm ausgehe, was verletzt und zerstört,
dass er heilende Worte spreche,
dass er Anvertrautes bewahre.

Herr, segne mein Herz,
dass es Wohnstatt sei deinem Geist,
dass es Wärme schenke und bergen kann,
dass es reich sei an Verzeihung,
dass es Leid und Freude teilen kann.

Lass mich dir verfügbar sein, mein Gott, mit allem, was ich habe und bin.

Antje Sabine Naegeli

Im Namen des Vaters und des Sohnes und des Heiligen Geistes. Amen.

Sr. M. Klara Hahnova SSCJ

Maria, du Braut des Heiligen Geistes, bitte für uns!

Dienerinnen des heiligsten Herzens Jesu, Wien

Lied: Maria, dich lieben (GL 594,1-3)

V: Maria, Königin des Himmels, wir kommen heute zu dir und grüßen dich von Herzen. O blicke voller Güte und Huld auf uns herab und erhöre unser Gebet.

V: Du Tochter des ewigen Vaters.

A: Sei gegrüßt, Maria.

V: Du Mutter des göttlichen Sohnes.

V: Du Tempel des Heiligen Geistes.

V: Du hilfreiche Mutter der Gnade.

V: Lasset uns beten.

A: Mutter der Barmherzigkeit, sei du uns gegrüßt. Du bist der Seele Trost und Süßigkeit und Quell, daraus uns das Leben fließt. Mutter, steh uns bei in allen Lebenslagen.

Gegrüßet seist du, Maria ...

V: Maria, deine Hilfe wir begehren, o reinste der Jungfrauen. Erhöre unser Flehen und hilf uns siegreich überwinden der Sünde List und Macht, dass wir den Frieden finden, den uns dein Sohn gebracht hat.

V: Du Urbild und Mutter der Kirche.

A: Maria, wir rufen zu dir.

V: Sei nahe dem Heiligen Vater.

V: Begleite das Wirken der Priester.

V: Bewahre uns in Treue zur Kirche.

V: Lasset uns beten.

A: O Jungfrau Maria, du unsere liebe Frau vom heiligsten Sakrament, du Ruhm des christlichen Volkes, du Freude der ganzen Kirche. Bitte für uns und verleihe allen Gläubigen wahre Andacht.

Gegrüßet seist du, Maria …

V: Dich, o Königin, preisen alle, die von Herzen glauben. Dein kleines Volk hebt das Lob in frommen Liedern bis zu den Engeln hinauf.

V: Mutter jenes Wortes, das der Welt das Leben gab.

A: Sei gesegnet!

V: Mutter jenen Mutes, der der Liebe Leben gab.

V: Mutter jenen Schmerzes, der die Sünde weinen macht.

V: Mutter unseres Glaubens, der uns Richtung geben kann.

V: Lasset uns beten.
A: Maria, du bist der himmlische Stern, zu dem unsere Augen voll Hoffnung schauen. Du bist der Stern des Meeres, der das Böse mit seinem Licht vertreibt, die Leidgeprüften freundlich leitet und Frieden in unsere Herzen gießt. Dich, Maria, rufen wir in Demut an, dass du uns immer nahe bleibst mit deinem Schutze.

Gegrüßet seist du, Maria …

V: Gott wählte dich zur Mutter der Christenheit, und wir dürfen deine Kinder sein. Wir kommen mit unseren Anliegen zu dir.
V: Hilf uns bei der Suche nach Gerechtigkeit.
A: Mutter, wir bitten dich.
V: Hilf uns bei der Bewältigung unserer Probleme.
V: Beschütze uns vor Unglück und Leid.
V: Erhalte unsere Gesundheit.
V: Steh uns bei in unserer letzten Stunde.
V: Lasset uns beten.
A: Mit frohem Herzen schauen wir zu dir auf. Mach dir unsere Not zu eigen und bitte für uns am Thron der Gnade. Trag du unsere Bitten zu deinem Sohn und hilf uns beten. Milde Jungfrau, leite uns auf den Pfaden des Heiles.

Gegrüßet seist du, Maria ...

V: Gib, Maria, uns deinen Segen, um den wir flehen, dass wir im Leben deine Wege freudig gehen. Gib, dass wir einst von Sünden frei vor dein Angesicht treten und Gnade finden werden. Gesegnet bist du, o Tochter von Gott dem Allerhöchsten, mehr als alle Frauen der Erde.

A: Vater unser, ...

Gegrüßet seist du, Maria ...

Lied: Maria, dich lieben (GL 594,4-6)

Lesung aus der Apostelgeschichte (Apg 1,12-14):

Nachdem Jesus zu seinem Vater ging und in den Himmel aufgenommen wurde, kehrten die Jünger vom Ölberg, der nur einen Sabbatweg von Jerusalem entfernt ist, nach Jerusalem zurück. Als sie in die Stadt kamen, gingen sie in das Obergemach hinauf, wo sie nun ständig blieben: Petrus und Johannes, Jakobus und Andreas, Philippus und Thomas, Bartholomäus und Matthäus, Jakobus, der Sohn des Alphäus, und Simon, der Zelot, sowie Judas, der Sohn des Jakobus. Sie alle verharr-

ten dort einmütig im Gebet, zusammen mit den Frauen und mit Maria, der Mutter Jesu, und mit seinen Brüdern.

Jesus versprach seinen Jüngern: *„Ich lasse euch nicht als Waisen zurück. Ich werde den Vater bitten, dass er euch den Hl. Geist sendet. Ich werde euch den Beistand senden."*
Im Griechischen heißt Beistand Paraklet. In diesem Wort stecken sowohl die Begriffe „Tröster" wie „Beistand". Der Beistand ist der Rechtsbeistand, der Advokat. Der Heilige Geist, den Christus verheißen hat, ist also ein Trost, weil er ein Beistand für den Menschen ist.
An Maria, unserer himmlischen Mutter, sehen wir, wie der Heilige Geist durch sie und in ihr wirken kann. Der Heilige Geist bewirkt auch jene Mutterschaft, die Maria geschenkt wird, ohne dass sie ihre Jungfräulichkeit verliert. In der Kraft des Heiligen Geistes steht Maria aufrecht unter dem Kreuz. Diesen Geist empfängt sie zusammen mit den Jüngern am Pfingsttag. Nicht, dass sie persönlich des Heiligen Geistes noch bedürfe, aber da ist sie gleichsam Sinnbild und Urbild der Kirche.
An der Gestalt der Jungfrau Maria können wir ablesen, wie der Heilige Geist im begnadeten Menschen wirken will. Er schenkt uns in der Taufe die Freund-

schaft mit Gott, so dass wir rufen dürfen: „Abba! Lieber Vater!" Er führt uns auf dem Weg des Heils und reinigt uns vom Bösen, wenn wir gesündigt haben. Der Heilige Geist macht es möglich, dass wir mit Gott und untereinander Gemeinschaft haben.

Der Hl. Geist macht uns fähig, die Welt zu verändern, indem wir uns verändern. Er lässt uns vertrauensvoll dem neuen Leben entgegengehen, das nach dem Tod auf uns wartet. Der Heilige Geist gibt uns in unserem Alltag die entscheidende Kraft. Aber er bleibt nicht stehen bei einer lediglich irdischen Lebenserfüllung. Die Antwort des Glaubens ist immer auch eine Antwort auf die Frage nach dem letzten Sinn des Lebens. Der Trost, der von Gott kommt, ist kein leeres Versprechen und kein billiges Vertrösten. Er wird für uns zum Beistand auf dem oft dunklen und verschlungenen Weg des irdischen Lebens. Mit Maria, unserer Trösterin, wollen wir darum beten um das Kommen des Heiligen Geistes und um die Bereitschaft, sich seinen Fügungen zu überlassen.

P. *Gerhard Eberts* MSF

Maria, die Braut des Heiligen Geistes

V: Komm, meine Braut, und empfange den Kranz, den dir der Herr bereitet hat. Die Liebe des Heiligen Geistes hat in Maria das Wunder der jungfräulichen Mutterschaft vollendet. Als Jungfrau und Mutter ist sie die Braut des Heiligen Geistes.

A: Dank sei Gott.

V: Der Heilige Geist wird über dich kommen!

A: Die Kraft des Allerhöchsten wird dich überschatten.

V: Lasset uns beten.

A: Heiligste Jungfrau! Wir verehren dich von ganzem Herzen über alle Engel und Heiligen des Himmels als die geliebte Braut des Heiligen Geistes. Wir weihen dir unser Herz mit allen seinen Regungen und bitten dich, erflehe uns von der heiligsten Dreifaltigkeit alles, was uns zum ewigen Heil notwendig oder nützlich ist.

V: Maria, auserwählte Braut des Heiligen Geistes,

A: bitte für uns, schütze uns, segne uns!

Lied: Mutter Gottes, wir rufen zu dir (Liedanhang)

A: Du, unsere Mutter, dein Sohn hat uns dir anvertraut. Führe uns zu ihm, unserem Herrn und Retter, in dessen Gemeinschaft du lebst und für uns eintrittst jetzt und alle Tage. Amen.

Lied: Freu dich, du Himmelskönigin (GL 576,1-4) oder Regina Coeli

V: Freu dich, du Himmelskönigin, Halleluja!
A: Den du zu tragen würdig warst, Halleluja,
V: er ist auferstanden, wie er gesagt hat, Halleluja.
A: Bitt Gott für uns, Halleluja.
V: Freu dich und frohlocke, Jungfrau Maria, Halleluja,
A: denn der Herr ist wahrhaft auferstanden, Halleluja.

Lasset uns beten:
Allmächtiger Gott, durch die Auferstehung deines Sohnes, unseres Herrn Jesus Christus, hast du die Welt mit Jubel erfüllt. Lass uns durch seine jungfräuliche Mutter Maria zur unvergänglichen Osterfreude gelangen.
Darum bitten wir durch Christus, unseren Herrn.

A: Amen.

Segensgebet

V: Es segne uns Gott, der die Jünger mit dem Hl. Geist erfüllt hat. Er schenke uns die Freude des Hl. Geistes und den Reichtum seiner Gaben. Das Feuer des Geistes läutere uns, seine Wahrheit führe uns, seine Kraft geleite uns vom Glauben zum Schauen. Das gewähre uns der dreieinige Gott, der Vater und der Sohn und der Heilige Geist. Amen.

Sr. M. Klara Hahnova SSCJ

Maria – Heilige Mutter Gottes
Benediktiner der Abtei Gerleve

„Als aber die Zeit erfüllt war, sandte Gott seinen Sohn, geboren von einer Frau und dem Gesetz unterstellt." (Gal 4,4)

Eröffnung

Lied: Den Herren will ich loben (GL 261,1-3)

V: Im Namen des Vaters und des Sohnes und des Heiligen Geistes.

A: Amen.

V: Gott, unser Vater, du hast die Jungfrau Maria zur Mutter deines Sohnes erwählt. Maria gab dir dazu ihr vorbehaltloses Ja-Wort. Darum ist sie die Gottesgebärerin geworden; zwar nicht in dem Sinne, als ob Christus seine göttliche Natur von ihr empfangen hätte, diese vereinigte sich durch das Wirken des Hl. Geistes mit seiner menschlichen Natur im Schoß Mariens, die uns Jesus geboren hat als Erlöser der

Welt. Der Titel Marias als Mutter Gottes ist das Fundament der Marienverehrung.

Wir danken dir, Gott, unser Vater, für die Erwählung Mariens, weil du unser Menschsein dadurch erhoben hast.

A: Sei gepriesen, Gott, unser Vater, für das Werk der Erlösung und Rettung.

V: Gott, unser Vater, in Maria leuchtet uns das Bild des Menschen auf, wie du ihn im Paradies haben wolltest. Sie ist die Mutter des neuen Lebens, die neue Eva. Dienend sollte Maria in ihrer Liebe mitwirken am Heil der Menschheit. In deinem Auftrag sprach der Engel Gabriel in seinem Grußwort zu Maria: „Sei gegrüßt, du Begnadete, der Herr ist mit dir" (Lk 1,28). Elisabet erkannte preisend die Würde der Gottesmutter an, indem sie ausrief: „Gesegnet bist du mehr als alle anderen Frauen, und gesegnet ist die Frucht deines Leibes" (Lk 1,42).

A: Sei gepriesen, Gott, unser Vater, für das Werk der Erlösung und Rettung.

V: Gott, unser Vater, allmächtiger Schöpfer der Welt, du hast in unendlicher Liebe alles erschaffen. Von Ewigkeit sahst du, der unendlich Vollkommene, die Welt in ihrer Schönheit, du sahst den Menschen, der sich an deinem Werk erfreut und durch sein Lob deine Allmacht und Weisheit preist. Deine Liebe lässt sich nicht übertreffen. In deinem ewigen Schöpferplan steht das Bild der zweiten Eva vor uns: Maria, die Mutter der Lebendigen. Sie ist voll der Gnade und bringt dem Menschen all das wieder, was die erste Eva verloren hat.

A: Sei gepriesen, Gott, unser Vater, für das Werk der Erlösung und Rettung.

Lied: Maria, Mutter unsres Herrn (GL 577,1-2)

Lesung:
Gal 4,4-7

Gott sandte seinen Sohn, geboren von einer Frau, damit wir die Sohnschaft erlangen.

Lesung aus dem Brief des Apostels Paulus an die Galater

Brüder und Schwestern!
Als aber die Zeit erfüllt war,
sandte Gott seinen Sohn,
geboren von einer Frau
und dem Gesetz unterstellt,
damit er die freikaufe,
die unter dem Gesetz stehen,
und damit wir die Sohnschaft erlangen.
Weil ihr aber Söhne seid,
sandte Gott den Geist seines Sohnes
in unser Herz,
den Geist, der ruft: Abba, Vater.
Daher bist du nicht mehr Sklave, sondern Sohn;
bist du aber Sohn,
dann auch Erbe.
Erbe durch Gott.

Antwortpsalm:
Ps 22, 4-5.10-11.23-24

V/A: Vom Mutterleib an bist du mein Gott.

V: Mein Gott, du bist heilig, du thronst über dem Lobpreis Israels. Dir haben unsre Väter vertraut. Sie haben vertraut, und du hast sie gerettet.

V/A: Vom Mutterleib an bist du mein Gott.

V: Du bist es, der mich aus dem Schoß meiner Mutter zog, mich barg an der Brust der Mutter. Von Geburt an bin ich geworfen auf dich.

A: Vom Mutterleib an bist du mein Gott.

V: Ich will deinen Namen meinen Brüdern verkünden, inmitten der Gemeinde dich preisen. Die ihr den Herrn fürchtet, preist ihn, ihr alle vom Stamm Jakobs, rühmt ihn; erschauert alle vor ihm, ihr Nachkommen Israels!

V/A: Vom Mutterleib an bist du mein Gott.

Lied: Maria, Mutter unsres Herrn (GL 577,4)

Te Deum

V: Dich, Gott, loben wir,
dich, Herr, preisen wir.

A: Dir, dem ewigen Vater,
huldigt das Erdenrund.

V: Dir rufen die Engel alle,
dir Himmel und Mächte insgesamt,

A: die Cherubim dir und Serafim,
mit niemals endender Stimme zu:

V: Heilig, heilig, heilig der Herr,
der Gott der Scharen!

A: Voll sind Himmel und Erde
von seiner hohen Herrlichkeit.

V: Dich preist der glorreiche Chor der Apostel,

A: dich der Propheten lobwürdige Zahl,

V: dich der Märtyrer weißgewandetes Heer.

A: Dich preist über das Erdenrund
die heilige Kirche,

V: dich, den Vater unmessbarer Majestät,

A: deinen verehrungswürdigen, wahren und einzigen Sohn

V: und den Heiligen auch, den Fürsprecher Geist.

A: Du König der Herrlichkeit, Christus,

V: du bist des Vaters all-ewiger Sohn.

A: Du hast der Jungfrau Schoß nicht verschmäht, bist Mensch geworden, den Menschen zu befreien.

V: Du hast bezwungen des Todes Stachel und denen, die glauben, die Reiche der Himmel aufgetan.

A: Du sitzest zur Rechten Gottes in deines Vaters Herrlichkeit.

V: Als Richter, so glauben wir, kehrst du einst wieder.

A: Dich bitten wir denn, komme deinen Dienern zu Hilfe, die du erlöst mit kostbarem Blut.

V: In der ewigen Herrlichkeit zähle uns deinen Heiligen zu.

A: Rette dein Volk, o Herr, und segne dein Erbe

V: und führe sie und erhebe sie bis in Ewigkeit.

A: An jedem Tag benedeien wir dich

V: und loben in Ewigkeit deinen Namen bis hinein in die Ewigkeiten der Ewigkeit.

A: In Hulden wollest du, Herr, an diesem Tag uns ohne Schuld bewahren.

V: Erbarme dich unser, o Herr, erbarme dich unser.

A: Lass dein Erbarmen über uns geschehn, wie wir gehofft auf dich.

V: Auf dich, o Herr, habe ich meine Hoffnung gesetzt. In Ewigkeit werde ich nicht zuschanden.

A: Amen.

(T.: 4.Jh.; Übertragung Romano Guardini 1950)

Stille

Lied: Maria, breit den Mantel aus (GL 595,4)

Fürbitten

V: Herr Jesus Christus, du hast deine Mutter Maria auch uns zur Mutter gegeben. Wir rufen zu dir:

V: Stehe deiner Kirche, ihren Bischöfen, Priestern, Diakonen, Ordensleuten und allen Laien bei, damit sie stets nur das Reich Gottes sucht und verkündet. Christus, höre uns.

A: Christus, erhöre uns.

V: Segne und stärke die Mütter, damit sie ihren Dienst in Familie und Beruf erfüllen können. Christus, höre uns.

A: Christus, erhöre uns.

V: Ermutige die alleinerziehenden Mütter, damit sie nicht verzagen und ihren Pflichten nachkommen können. Christus, höre uns.

A: Christus, erhöre uns.

V: Stehe den alten Müttern bei, die ihren Ehepartner verloren haben und niemanden haben, der sich um sie kümmert.
Christus, höre uns.

A: Christus, erhöre uns.

V: Herr, unser Gott, du hast deinen Sohn vom Himmel in den Schoß der heiligen Jungfrau gesandt. Er ist das Wort des Heiles und das Brot des Lebens.
Gib, dass wir Christus aufnehmen wie Maria, indem wir seine Worte im Herzen bewahren und gläubig das Heilswerk feiern.
Darum bitten wir durch ihn, Jesus Christus.

A: Amen.

Segensbitte
V: Wir bitten um Gottes Segen.
Es segne uns der gütige Vater, der Maria zur Mutter seines Sohnes erwählt hat.

A: Amen.

V: Es segne uns Jesus Christus, der uns seine Mutter als Mutter anvertraut hat.

A: Amen.

V: Es segne uns der Heilige Geist, der auch heute noch in unserer Welt wirkt.

A: Amen.

Schlusslied: Maria, dich lieben (GL 594,5-6)

P. *Chrysostomus Ripplinger* OSB

Gnadenbild-Andacht
Kölnische Franziskanerprovinz

Eingangslied: Maria, dich lieben (GL 594,1+5)

1. Die Botschaft der Freundschaft
V: Das Gnadenbild der Immaculata in der Wallfahrts-
kirche von Neviges ist ein alter Kupferstich aus einem
Kölner Gebetbuch vor 330 Jahren. Im Jahre 1681 kam
solch ein Bild von Dorsten nach Neviges. Es stellt
Maria dar, wie sie in der Geheimen Offenbarung, dem
letzten Buch des Neuen Testamentes, Kapitel 12, als
gerettete Frau erscheint; sie steht für die Kirche.
Maria, die unbefleckt empfangene Jungfrau, wird mit
ihrem Kind von Gott vor den Nachstellungen des
Bösen gerettet. Die gerettete Frau und Kirche ist uns
eine Botschaft einer liebenswürdigen Freundschaft
durch die Erwählung und Errettung Gottes.
Über dem Gnadenbild steht in Anlehnung an einen
Text aus dem Hohenlied (Hld 4) des Alten Testamentes: „Ganz schön bist du, meine Freundin, kein Makel
ist an dir."
Der volle Satz des Hohenliedes, den Gott spricht, lau-
tet:

A: „Ganz schön bist du, meine Freundin."

V: Maria vernimmt diese Aussage, verinnerlicht sie und bezieht sie dankend auf Gott zurück und sagt:

A: „Ganz schön bist du, mein Geliebter!"

V: Wir treten in diesen Liebesdialog Gottes mit der Jungfrau Maria ein. Gott schenkt und erwählt. Maria nimmt die Erwählung an und antwortet, indem sie die ganze Schönheit der erwählten Freundschaft Gott, dem Geliebten, zurückgibt. Sie gibt die Antwort der Liebe. Ihr Leben wird zur Antwort der Liebe.

A: Maria, du hast dich in das Innerste der Liebe Gottes nehmen lassen. So bist du eine Freundin Gottes geworden. Das macht deine ganze Schönheit aus. Wir freuen uns mit dir, dass auch wir in die Freundschaft mit Gott genommen werden und dadurch unser Leben schön wird.

V: Maria blieb in der Freundschaft mit Gott, vom Anfang bis zum Ende ihres Lebens. Nie war sie eine Feindin Gottes. Gott bietet – wie in Maria – diese Freundschaft allen Menschen an.

A: Wir danken dir, Maria, dass du diese Freundschaft mit Gott gelebt hast. Mit dir wollen auch wir Gott antworten: „Ganz schön bist du, mein Geliebter!"

V: Maria hat sich in Gebet und Kontemplation auf die Freundschaft mit Gott in ihrem Leben vorbereitet. Damit steht sie nicht allein, steht sie doch in der Menschheit da und mit ihr in der Schöpfung. Daher freut sich die ganze Menschheit über die Erwählung Marias.

A: Maria, wir danken dir. Mit dir freuen wir uns, dass auch wir in die Freundschaft mit Gott berufen sind.

Lied: Ave Maria, gratia plena (GL 580,1-2)

2. Die neue Frau

V: Auf unserem Gnadenbild steht Maria aufrecht, nicht gedrückt; sie ist die neue Frau. Wer in die Freundschaft mit Gott genommen ist, wird erhoben. Das Leben der Erhebung zu Gott ist in Maria ansichtig. Wenn wir auf das Gnadenbild schauen, können wir den Eindruck haben, Maria wäre ständig dabei, zu Gott erhoben zu werden. Der Mensch steht in der Freundschaft mit Gott aufrecht da und nicht gekrümmt.

A: Maria, wir danken dir, dass du aufrecht zu Gott hin stehst, nicht unsicher und ohne Haltung. Auch wir möchten mit deiner Hilfe in Freundschaft fest in dieser Zeit auf Gott gerichtet stehen.

V: In fester und gesammelter Haltung, wie es dem kontemplativen Menschen eigen ist, steht Maria mit offenem Gesicht zu Gott hin gewandt. Ihre Hände sind gefaltete Hände nach oben; sie deuten die Richtung ihres Herzens an: Leben in der Freundschaft mit Gott.

A: Mit dir, Maria, wissen wir, wohin sich unser Leben wendet und ausrichtet: auf Gott, der uns in die Freundschaft mit ihm erwählt. Wir möchten uns im Gebet mit erhobenen und gesammelten Händen in die Freundschaft Gottes begeben.

V: Die Augen Marias schauen nach oben zum Geliebten. Sie drücken in der Schau des Geliebten Freude aus. Maria lebt im Blick auf den Geliebten: „Ganz schön bist du, mein Geliebter!" Von der Schönheit des Geliebten fällt ein Glanz auf ihr Gesicht, und es wird schön.

A: Auch wir möchten mit Maria die Schönheit Gottes auf unserem Gesicht und in unserem Leben erstrahlen lassen. Dadurch werden wir immer mehr umgestaltet in den Glanz Gottes, der auf dem Gesicht des Sohnes Gottes Jesus Christus erstrahlte.

V: Hier gilt, was der Apostel sagt: „Was kein Auge geschaut, keines Menschen Herz gespürt, das hat Gott denen bereitet, die ihn lieben" (1 Kor 2,9).

A: Maria nimmt uns mit in deinen Blick, damit auch wir Gottes Herrlichkeit sehen und verstehen, wie sehr uns Gott erwählt hat, in Freundschaft mit ihm zu leben. Dadurch werden wir zu einem neuen Menschen als Frau und Mann.

Lied: Sagt an, wer ist doch diese (GL 588,1-3)

3. Im Glanz der Sonne und der Sterne
V: Maria steht nicht allein, da sie im Glanz der Sonne steht und ihr Haupt von zwölf Sternen umgeben ist. Auch die zwölf Sterne leuchten. Maria steht im vollen Licht, und dieses Licht ist Jesus Christus. Sie hat das volle Licht ihrer Freundschaft mit Gott, weil sie die

Mutter des Sohnes Gottes ist. Ihr sagt der Engel Gabriel: „Du bist voll der Gnade!" (Lk 1, 28).

A: Maria, deine Freundschaft mit Gott kommt daher, dass du den Sohn Gottes der Welt schenkst. Dein Glanz kommt vom Glanz deines Sohnes.

V: Marias Glanz von ihrem Sohne her bedeutet, dass sie vom Beginn ihres Lebens vorerlöst ist und so vor der Ursünde bewahrt wurde. Ihr Sohn Jesus Christus, der den Primat der erlösenden Liebe hält, hat sie von Anfang an in seine Freundschaft genommen.

A: An dir, Maria, erkennen wir die allumfassende Erlösung der Menschen durch deinen Sohn Jesus Christus. Wir sind nicht mehr Feinde, sondern dürfen Freunde Gottes sein.

V: Die Ursünde des Menschen sitzt nicht im Fleisch, sondern in der Seele des Menschen, welche die Freundschaft mit Gott verweigert. Die Seele Marias aber war erwählt von Anfang an, ihr Ja durch ihr Fiat – es geschehe nach Gottes Vorhaben – zu geben.

A: Wir bitten, dass auch uns – nachfolgend – geschenkt werde, was Maria von Anfang an geschenkt wurde: die bleibende und frohmachende Freundschaft mit Gott.

V: Maria steht im Glanz der Sonne und ist von den zwölf Sternen umgeben, d.h. von Christus und den Aposteln und so seiner Kirche. In der Gemeinschaft mit Christus und seiner Kirche bejaht sie ihre Erwählung zur Freundschaft mit Gott.

A: Maria, wir bitten dich, uns zu helfen, dass wir uns immer tiefer aus unserem Leben in Christus und seiner Kirche verstehen.

Lied: Wunderschön prächtige (Liedanhang)

4. Auf dem Mond und auf der Schlange
V: Maria steht mit ihren Füßen auf dem Mond und auf der Schlange. Der Mond steht für die Vergänglichkeit, während die Sonne ihre feste Stellung hat. Die Wechselhaftigkeit des Lebens, insbesondere bei großen Ereignissen, wird mit dem Mond ausgedrückt.

A: Maria, du stehst über dem Mond und auf diese

Weise über den Wechselfällen des Lebens. Du hast einen festen Stand im Glanz der Sonne, in Christus.

V: Maria ist Siegerin über die Schlange, die für die Versuchungen und den Widerspruch zu Gott steht.

A: Mit Maria widerstehen wir den Suggestionen und Versuchungen der Schlange, sein zu wollen wie Gott und nicht als Geschöpfe Gottes zu leben.

V: Maria drückt in ihrem Magnifikat ihren Sieg mit Hilfe der Gnade Gottes aus: Ich bin die Magd des Herrn! Als Magd wird sie siegreich.

A: Maria, hilf uns, dass auch wir uns Gott unterstellen und allein seine Ehre und sein Wirken im Sinn haben.

V: Maria widersteht der Versuchung der Macht und Selbstbemächtigung, sie bleibt im Dienst am je größeren Vorhaben Gottes für die Menschen.

A: Maria, hilf uns, dass wir in der Kirche unseren Dienst nicht als Macht, sondern als helfende Bejahung und Verbreitung der Vorhaben Gottes zum Wohle der Menschheit in Jesus Christus verstehen.

Lied: Freu dich, du Himmelskönigin (GL 576,1-3)

5. Der eschatologische Sieg

V: Maria steht im neuen Himmel und in der neuen Erde gemäß der Verheißung der Geheimen Offenbarung, der Apokalypse. Sie ist eschatologisch der neue Mensch. Die Engel auf dem Gnadenbild weisen auf den neuen Himmel und die neue Erde, wo sich der neue Mensch befindet, hin.

A: Maria, lass uns mit deinem Beispiel auch zum neuen Menschen im neuen Himmel und in der neuen Erde werden.

V: Maria ist das Zeichen für den neuen siegreichen Menschen, wie es in der Apokalypse heißt: „Ein großes Zeichen erschien am Himmel: eine Frau, mit der Sonne umkleidet, den Mond unter ihren Füßen und auf ihrem Haupt einen Kranz von zwölf Sternen" (Apk 12,1).

A: Maria, du hast die Geburt deines Kindes angenommen, auch unter Schmerzen, aber du weißt, dass du den Sohn des Allerhöchsten gebären wirst. Das gibt dir Kraft und Mut. Du konntest dem Teufel in der Gestalt des Drachen und seiner Feindschaft mit Gott widerstehen. Gib auch uns diese Kraft.

V: Maria ist gegen den Drachen, der sie und ihr Kind angreifen und töten will, gerettet, weil sie rein und unbefleckt bei Gott bleibt.

A: Maria, hilf auch uns, dem Drachen in den vielfältigen Situationen der Bewährung im Leben zu widerstehen.

V: Maria hat als die eschatologische Frau die Schönheit ihrer Freundschaft mit Gott vollendet, welche anfing in ihrer unbefleckten Empfängnis und fruchtbar wurde in der siegreichen Geburt ihres Kindes, gegen die Feindschaft des Drachen, des Satans (Apk 12,15).

A: Wenn ich meine Hände auf das Gnadenbild lege, dann, Maria, nimm meine Hände und verbinde sie mit deinen Händen, damit Gott sie annimmt und mich in seinen liebenden Händen der Freundschaft hält.
Amen.

Pater Herbert Schneider OFM

Maiandacht mit dem lichtreichen Rosenkranz

Karmelitenkloster Bamberg

Gedanken zur Einführung

Im Monat Mai erwacht nach der langen Winterstarre neues Leben. Überall blüht und grünt es, unzählige Knospen und neue Triebe sind zu sehen.

Der Frühling ist ein Bild für die neue Schöpfung, die im auferstandenen Jesus Christus begonnen hat. „Ein neuer Himmel und eine neue Erde" haben angefangen und rücken der alten Welt näher. Schon in Jesu Erdenleben war ganz Neues in dieser Welt. Gottes Reich war in Jesus auf Erden. Der lichtreiche Rosenkranz betrachtet Szenen aus dem Leben Jesu, in denen der Himmel offen steht, in denen in Jesus der Himmel die Erde berührt. Licht von oben fällt in diese Welt.

Maria war eine gläubige jüdische Frau ihrer Zeit. Und doch ist sie einen neuen Weg mutig gegangen. Sie ist der Mensch, der offen war für das Neue, das Gott durch Jesus in diese Welt gebracht hat. Mit ihr wollen wir die Geheimnisse des lichtreichen Rosenkranzes betrachten und etwas von ihrer Glaubensfreude im Herzen erleben.

Gebet

V: Herr Jesus Christus, als Licht vom Licht bist du in unsere Welt gekommen. Lass dein Lehren, Wirken und Leben tief in unseren Herzen verankert sein, damit wir Orientierung und Halt bei dir finden. Begleite uns, wenn wir jetzt dein Heils- und Erlösungswerk betrachten. Darum bitten wir dich, Christus, unseren Herrn.

Wechselgebete zu den Gesätzen des lichtreichen Rosenkranzes

1. *Jesus, der von Johannes getauft worden ist.*

V/A: Wir hören mit Maria ...
V: dass der Himmel über Jesus offen steht.
dass die Stimme vom Himmel Jesus als Sohn bezeugt, an dem der Vater sein Wohlgefallen hat.
dass der Heilige Geist sich auf Jesus niederlässt.

dass in Jesus Licht vom Himmel auf die Erde fällt.
V/A: Wir hören mit Maria …

Gebet des ersten Gesätzes (10 oder 5 Ave Maria)

Lied: nach der Melodie von *Maria, sei gegrüßt* (GL 590)
Maria, sei gegrüßt
mit deinem lieben Sohn,
durch den für alle Welt
sich Neues hat getan:
der Himmel offen steht.
Bitt Gott für uns, Maria.

2. *Jesus, der sich bei der Hochzeit in Kana offenbart hat.*

V/A: Wir freuen uns mit Maria…
V: dass Jesus in Kana sein erstes Zeichen tut.
dass die Fülle der messianischen Heilszeit sichtbar wird.
dass Jesus seine Herrlichkeit als Messias offenbart.
dass in Jesus Freude und Segensfülle vom Himmel auf die Erde kommt.
V/A: Wir freuen uns mit Maria …

Gebet des zweiten Gesätzes (10 oder 5 Ave Maria)

Lied: nach der Melodie von Maria, *sei gegrüßt* (GL 590)
2. Maria, sei gegrüßt
mit deinem lieben Sohn,
der seine Herrlichkeit
in Kana offenbart:
Fülle der Gnade bringt.
Bitt Gott für uns, Maria.

3. *Jesus, der uns das Reich Gottes verkündet hat.*

V/A: Wir glauben mit Maria...
V: dass in Jesus das Reich Gottes gekommen ist.
dass durch Jesus Gott in dieser Welt wirkt und sein Heil schenkt.
dass Jesus mit dem Finger Gottes das Böse bannt und Gottes Reich wirklich da ist.
dass uns nichts und niemand auf Erden der Hand des Vaters entreißen kann.
V/A: Wir glauben mit Maria...

Gebet des dritten Gesätzes (10 oder 5 Ave Maria)

Lied: nach der Melodie von *Maria, sei gegrüßt* (GL 590)
3. Maria, sei gegrüßt
mit deinem lieben Sohn,
der Gottes Reich gebracht
im Wort und in der Tat
und Gottes Heil uns schenkt.
Bitt Gott für uns, Maria.

4. *Jesus, der auf dem Berg verklärt worden ist.*

V/A: Wir gehen mit Jesus wie Maria...
V: weil die Stimme aus dem Himmel uns dazu ruft.
weil die Stimme aus dem Himmel Licht für uns ist auf
den dunklen Wegen des Leidens.
weil Jesus uns auffordert, unser Kreuz auf uns zu nehmen und ihm nachzufolgen.
weil Gottes Wort auf Erden unseren „Füßen eine
Leuchte ist" (Ps 119, 105).
V/A: Wir gehen mit Jesus wie Maria …

Gebet des vierten Gesätzes (10 oder 5 Ave Maria)

Lied: nach der Melodie von *Maria, sei gegrüßt* (GL 590)
4. Maria, sei gegrüßt
mit deinem lieben Sohn,
der auf dem Berg verklärt
in Herrlichkeit erscheint
und Mut den Jüngern macht.
Bitt Gott für uns, Maria.

5. *Jesus, der uns die Eucharistie geschenkt hat.*

V/A: Wir danken mit Maria...
V: dass Jesus für uns das Brot ist, das vom Himmel herabgekommen ist.
dass der Gekreuzigte, Auferstandene und Erhöhte bei uns ist in den Gestalten der Eucharistie.
dass die Eucharistie ein Unterpfand der kommenden Herrlichkeit ist.
dass wir in der Eucharistie Gaben aus unserer Welt in Händen halten, die bereits dem neuen Himmel und der neuen Erde angehören.
V/A: Wir danken mit Maria...

Gebet des fünften Gesätzes (10 oder 5 Ave Maria)

Lied: nach der Melodie von *Maria, sei gegrüßt* (GL 590)
5. Maria, sei gegrüßt
mit deinem lieben Sohn,
der Unterpfand uns ist
für's ew'ge Gottesreich:
sich schenkt im heil'gen Mahl.
Bitt Gott für uns, Maria.

Fürbitten

V: Herr Jesus Christus, dein Erdenleben, deine Worte und Taten, deine Lebenshingabe sind für uns Menschen Licht, das uns in unserem Alltag leuchtet. Aus unserer Welt, die uns oft verwirrt und überfordert, tragen wir dir unsere Bitten vor:

V: Du hast dich von Johannes im Jordan taufen lassen: Stärke den Glauben aller, die an dich glauben, dass der Himmel durch dich für uns alle offen steht.

V/A: Kyrie eleison ...

V: Du hast bei der Hochzeit zu Kana deine Herrlichkeit offenbart: Lass alle Glaubenden erfahren, dass

ihnen die Fülle göttlicher Gnaden in den Sakramen-
ten der Kirche noch immer zuteil wird.

V/A: Kyrie eleison ...

V: Du hast das Reich Gottes verkündet: Hilf deiner
Kirche, Menschen in den Heilsbereich göttlichen Wir-
kens zu führen.

V/A: Kyrie eleison ...

V: Du bist auf dem Berg verklärt worden: Schenk allen
Leidenden und Sterbenden Kraft und Mut auf dich,
den Auferstandenen, zu schauen und ihr Kreuz anzu-
nehmen.

V/A: Kyrie eleison ...

V: Du hast uns die Eucharistie geschenkt: Erfülle an
unseren Verstorbenen die Verheißungen, die ihnen
die Eucharistie in ihrem irdischen Leben gegeben
hat.

V/A: Kyrie eleison ...

71

V: Diese und alle unsere Bitten tragen wir dem Vater vor in dem Gebet, das du selber uns gelehrt hast:

V/A: *Vater unser....*

Schlussgebet
V: Allmächtiger Gott, gieße deine Gnade in unsere Herzen ein. Durch die Botschaft des Engels haben wir die Menschwerdung Christi, deines Sohnes erkannt. Höre auf die Fürsprache der seligen Jungfrau Maria und führe uns durch sein Leiden und Kreuz zur Herrlichkeit der Auferstehung. Darum bitten wir durch ihn, Jesus Christus, unseren Herrn und Gott, der in der Einheit des Heiligen Geistes mit dir lebt und herrscht in Ewigkeit. Amen.

Segensbitte
V: Der Herr segne uns und behüte uns; der Herr lasse sein Angesicht über uns leuchten und sei uns gnädig; er wende uns sein Antlitz zu und schenke uns seinen Frieden. Amen.

P. *Titus Wegener* O.Carm.

Menschen leiden auch im Mai
Dominikanerinnenkloster St. Ursula, Augsburg

Vorbemerkungen

Warum im Mai?
Es scheint merkwürdig zu sein, im Frühlingsmonat Mai eine Marienandacht zu feiern, die nicht die strahlende, junge Himmelskönigin, sondern einen dunkleren Aspekt der Marienverehrung aufnimmt. Auf der anderen Seite ist ein solch ganzheitlicher Blick wiederum nicht befremdlich. Denn im Leben der Gottesmutter kam alles vor, was Menschen trifft und betrifft: die Freude und der Schmerz, das Glück und die Trauer, das jubelnde Einssein mit sich selber und mit Gott genauso wie die Zurückweisung durch den Menschen, der ihr der wichtigste war, ihr hilfloses Nichtverstehen und das Nichtverstandenwerden durch ihn.

Auch im Marienmonat Mai ist für viele Menschen ihr persönliches Kreuz und das Kreuz anderer Menschen zu spüren. Deshalb ist es gut, auch im Mai eine Möglichkeit zu haben, dieses Leid zu würdigen und vor Gott zu bringen. Zwar gedenkt die Kirche erst am 15. September der Sieben Schmerzen Mariens. Einen Tag vorher jedoch feiert sie das Fest der Kreuzerhöhung. Erst schauen die Gläubigen auf Christus, den Gekreuzigten. Dann nehmen sie die wahr, die als seine Mutter alles mit ansah, was ihrem Sohn widerfuhr, und die bei ihm blieb, bis er starb.

Das Kreuz als Ort des Sieges verneint nicht den Weg des Schmerzes, dessen Höhepunkt und Vollendung dieses Kreuz war. So ist eine Marienandacht im Mai, die sich damit auseinandersetzt, als Einladung an Menschen zu verstehen, die – von Leid und Schmerz betroffen – das Licht des neuen Lebens suchen und sich dadurch getröstet wissen dürfen.

Unsere Maiandacht folgt den „Sieben Schmerzen Mariens", von denen die ersten vier an Hand biblischer Stationen entstanden sind:

Weissagung Simeons (Lk 2,34-35),

Flucht nach Ägypten (Mt 2,13-15),

dreitägige Suche nach dem Zwölfjährigen bei der Wallfahrt zum Tempel (Lk 2,41-52),

Kreuzigung, (Joh 19,25).

Die anderen entwickelten sich aus der Volksfrömmigkeit:

Begegnung Marias mit Jesus auf dem Weg nach Golgata,

Abnahme und Übergabe des Leichnams,

Grablegung.

Welches Bild von Maria?

Maria wird in Anlehnung an Lk 2,35 – *Dir selbst aber wird ein Schwert durch die Seele dringen* – als zutiefst getroffener Mensch im Bild der *mater dolorosa* dargestellt, der sieben Schwerter das Herz durchbohren. Ein anderes Trauerbild ist das der Pietà, der Schmerzensmutter, auch Vesperbild, weil nach der Legende Maria zur Zeit des kirchlichen Abendgebetes, der Vesper, der tote Sohn in die Arme gelegt wurde.

Es ist nicht von ungefähr, dass das Gedenken der Schmerzen der Gottesmutter, obwohl es das Motiv seit dem 6. Jahrhundert in der christlichen Literatur gibt, einen Höhepunkt im Mittelalter im Übergang zur Neuzeit erfuhr. In diesen Zeiten katastrophaler Kriege, großer Entdeckungen und tief greifender gesellschaftlicher und kirchlicher Umwälzungen brauchten Menschen eine spirituelle Identifikationsfigur, der sie ihr Leid, ihre Verwirrung und ihre Ängste anvertrauen konnten. Zum anderen wurde die „menschennahe" Dimension des Glaubens immer wichtiger, weil der Mensch als Individuum mit seinem persönlichen Schicksal, seinen unverwechselbaren Begabungen und Grenzen in den Vordergrund des Interesses trat.

Ab 1678 ist das Stabat mater als Passionslied nachzuweisen, in dem der Schmerz Marias unter dem Kreuz besungen wird: *Christi Mutter stand mit Schmerzen bei dem Kreuz und weint von Herzen, als ihr lieber Sohn da hing.* Der/die Autor/in des Textes ist anonym, seine Vertonungen sind vielfältig.

Was benötigt wird
Das Lied *Christi Mutter stand mit Schmerzen bei dem Kreuz und weint von Herzen, als ihr lieber Sohn da hing* (GL 548) soll wie auch das Schlusslied *Freu dich, du Himmelkönigin* (GL 576) für jede/n Mitfeiernde/n zur Hand sein. Wenn es machbar ist, versammelt sich die Gemeinde vor einem dem Thema angemessenen Marienbild; stattdessen kann auch ein Dia gezeigt werden. Die dritte Möglichkeit der Betrachtung ist, den Mitfeiernden ein entsprechendes Andachtsbildchen auszuteilen.
Vor dem Bild wird eine Blumenvase aufgestellt oder ein Gefäß mit Wasser. Im ersten Fall werden Blumen bereitgehalten, die während der Meditation nach jeder Stille in die Vase gegeben werden; im zweiten werden zu den Fürbitten Schwimmkerzen in das Wasser gesetzt und zu jeder Bitte entzündet.
Als Gabe für die Teilnehmenden kann ein Andachtsbildchen ausgewählt und mitgegeben werden, das

eine entsprechende Darstellung der Gottesmutter als Pietà oder als *mater dolorosa* zeigt oder aber eine andere passende Mariendarstellung.

Begrüßung

Der Weg Marias ist, soweit wir ihn aus der Bibel kennen, immer auch ein Weg des Leidens gewesen. Der Höhepunkt dieses Leidens ist ihr Mitgehen des Kreuzweges Jesu. Auch für Maria war der Tod ihres Sohnes zunächst einmal das Ende, hinter dem sich nichts anderes als der Abgrund auftat. Aber auch Maria durfte erfahren, dass hinter dem Kreuz die Morgenröte der Auferstehung aufleuchtete.

Im Monat Mai werden das Leid und der Schmerz von Menschen nicht ausgelöscht durch die Pracht des Frühlings, die Buntheit der Farben in der erwachenden Natur, durch die Kraft des neuen Lebens. Leid und Schmerz sind auch im Mai da und dürfen ihren Platz einnehmen und in der Verehrung der Gottesmutter angesprochen werden.

Beides gilt ganz: der Schmerz, das neue Leben. Eines drückt das andere nicht weg, keines von beiden kann verleugnet werden. Menschen finden in ihrem Leben immer beides vor. Mit beidem sind sie geliebt und angesehen bei Gott. Das Kreuz ist für Christinnen und Christen nicht nur der Hinrichtungsort, an dem der Mann aus Nazaret mit seiner Mission und Predigt vom Reich Gottes scheinbar scheiterte. Es ist auch der Baum des Lebens, an dem im Augenblick des Todes Jesu der Tod seine Macht endgültig verlor.

Wenn eines davon die Überhand gewinnt, verlieren wir das aus dem Auge, was uns und andere quält, oder aber klammern uns an dem fest, was uns am Leben hindert. Die Andacht zu Maria als der Schmerzensmutter lädt ein, dem Leid ins Auge zu schauen und der Auferstehung Jesu als Quelle neuen Lebens zu trauen.

Gebet

Gott, du hast uns die Mutter deines Sohnes als Schwester im Glauben und als Vorbild der Treue gezeigt. Sie hat an deiner Gegenwart festgehalten und sich in allem Leiden nach dir ausgerichtet. Hilf uns, dass auch wir Jesus nicht ausweichen, wenn er uns in unseren leidenden Brüdern und Schwestern begegnet. Tröste und stärke uns, hilf uns und gib uns Kraft, wenn wir nicht mehr weiter wissen und niemand da ist, der bei uns ist. Darum bitten wir dich auf die Fürsprache Marias hin in Christus, unserem Herrn.

Wort Gottes (Joh 19, 26-30)

Als Jesus seine Mutter sah und bei ihr den Jünger, den er liebte, sagte er zu seiner Mutter: Frau, siehe, dein Sohn! Dann sagte er zu dem Jünger: Siehe, deine Mutter! Und von jener Stunde an nahm sie der Jünger zu sich. Danach, als Jesus wusste, dass nun alles vollbracht war, sagte er, damit sich die Schrift erfüllte: Mich dürstet. Ein Gefäß mit Essig stand da. Sie steckten einen Schwamm mit Essig auf einen Ysopzweig und hielten ihn an seinen Mund. Als Jesus von dem Essig genommen hatte, sprach er: Es ist vollbracht! Und er neigte das Haupt und gab seinen Geist auf.

Meditation

Lied: Christi Mutter stand mit Schmerzen (GL 584, 1)
Sprecher/in: Maria ist eine von uns. Sie kennt das Leid eines schrecklichen Schicksals und das eines furchtbaren Verlustes. Sie erfährt, wie es ist, wenn man nicht helfen, sondern nur erdulden und hinnehmen kann. Schmerz? Weiß ich, wie die Schmerzen und Leiden anderer Menschen heißen? Weiß ich, wie mein Leid heißt?

STILLE

Lied: Christi Mutter stand mit Schmerzen (GL 584, 2)
Sprecher/in: Maria lässt sich von ihrem Leid betreffen. Aber sie versteinert nicht, hält aus, ohne zu verbittern. Ihr Herz wird durch ihren Schmerz offen für das Leid aller Menschen. Ist auch mein Herz offen für den Schmerz anderer oder verschließe ich mich, will nichts sehen, will nichts fühlen, will dadurch nicht in Anspruch genommen werden?

STILLE

Lied: Christi Mutter stand mit Schmerzen (GL 584, 3)
Sprecher/in: Maria beginnt die Zusammenhänge zu verstehen, die es gibt zwischen dem Schicksal ihres Sohnes und dem anderer Menschen. Sie sieht mehr als das, was sich vor ihren Augen aktuell abspielt. Sehe ich auch die Zusammenhänge zwischen meinem Schicksal und dem Leid oder dem Glück anderer? Zwischen den armen und den reichen Ländern, den Ausgebeuteten und den Wohlhabenden, den Verachteten und den Satten?

STILLE

Lied: Christi Mutter stand mit Schmerzen (GL 584, 4)
Sprecher/in: Maria weiß, dass ihr Sohn unschuldig ist. Er ist wie das Lamm, das zur Schlachtbank geführt wird, damit andere leben können. Wo schenke ich anderen Menschen Leben durch meinen Verzicht, meine Hingabe, mein Schweigen, meinen Protest?

STILLE

Lied: Christi Mutter stand mit Schmerzen (GL 584, 5)
Sprecher/in: Nicht der Tod ist das Ende. Die Tür zum Leben tut sich auf. Auch wenn es völlig undenkbar ist in den Situationen, in denen Schmerz und Leid uns ganz erfüllen, leuchtet doch etwas von dem auf, was Maria glaubend erhoffte: Die Morgenröte eines neuen Frühlings Gottes. Worauf hoffe ich? Wer hilft mir hoffen? Wem stehe ich in Hoffnung bei?

Fürbitten

In der Hoffnung auf Gottes Frühling für alle Menschen beten wir. Wir dürfen unser Gebet Maria anvertrauen. Sie bringt mit uns unsere Bitten vor den Vater:

Für alle Frauen, die ein schweres Schicksal zu tragen

haben werden, dass sie nicht verzweifeln, sondern sich anderen Menschen und Gott anvertrauen können.

Für alle Mütter, die ihre Söhne und Töchter nicht mehr verstehen oder sie mit ihrer Liebe und Sorge nicht mehr erreichen, dass sie ohne Verbitterung die Türen ihrer Wohnungen und Herzen offenhalten.

Für alle Menschen, die auf der Flucht sind vor Gewalt, Hunger, Unrecht oder Unterdrückung, dass sie einen sicheren Zufluchtsort erreichen und auf Menschen treffen, die ihnen wirksam helfen.

Für alle Mütter, die mit ansehen müssen, wie sich ihre Kinder zu Grunde richten oder zu Grunde gerichtet werden, dass sie die Kraft zum Beistand und zum Widerstand finden.

Für alle Mütter, die ein Kind verloren haben, dass sie in ihrem Schmerz nicht verzweifeln.

Für alle Menschen, die um einen anderen Menschen trauern, dass sie getröstet werden und wieder Lebensmut schöpfen.

Für die, die unter uns still ihr Leid tragen, dass wir sie nicht übersehen und sie nicht alleine lassen.

Guter Vater, du hast Maria als erster Frau die Nähe deines Sohnes in ihrem Leib geschenkt. Seitdem ist er allen Menschen nahe, ein Bruder unter Brüdern und Schwestern. Für diese Gnade danken wir dir in ihm, Christus, unserm Herrn.

Vater unser
Alles, was wir erlitten haben, und alles, was als Hoffnung in uns lebt, dürfen wir in das Gebet Jesu einfließen lassen, das wir gemeinsam beten.

Segen
Wir dürfen um den mütterlichen Segen Gottes bitten, der uns und alle, die ihn anrufen, beschützen und stärken möge als die Quelle des Lebens, als der Auferstandene, der alles Leid mit uns trägt und überwindet, und als die Geistkraft, die das, was nicht mehr ist, neu ins Leben rufen kann.
So segne uns Gott, Vater, Sohn und Heiliger Geist.

Schlusslied
Freu dich, du Himmelskönigin (GL 576)

Sr. Aurelia Spendel OP / Sr. Benedikta Hintersberger OP

Maria als Beispiel eines Christenlebens
Franziskanerkloster Mariaburg

Eingangslied: Erhebt in vollen Chören (Liedanhang)

Eröffnung
Der heilige Franziskus von Assisi verehrt Maria als die Frau, die bereitwillig an Gottes Heilsplan mitwirkt: Sie empfängt das Wort Gottes in ihrem Schoß und schenkt der Welt Jesus. Weil sie Ja sagt, kann Gott durch sie Mensch werden. Im *Brief an die Gläubigen* umreißt der Heilige in wenigen Worten sein Bild der Mutter Gottes.

Hören wir nun aus diesem *Brief an die Gläubigen*:

Vom Wort des Vaters
Dieses Wort des Vaters, so würdig, so heilig und glorreich, hat der allerhöchste Vater vom Himmel durch seinen heiligen Engel Gabriel in den Schoß der heiligen und glorreichen Jungfrau Maria gesandt. Aus ihrem Schoß hat er das wirkliche Fleisch unserer Menschlichkeit und Gebrechlichkeit angenommen.

Meditation I:

Unvermittelt lenkt Franziskus die Augen unseres Herzens auf das Geheimnis, das die unergründliche Liebe zu allem, was Gott geschaffen hat, offenbart: In Jesus ist Gott uns so nahe gekommen, einer von uns geworden. Er hat uns hineingenommen in die Intimität seines Lebens.

Jesus ist der Sohn der Verheißung, der Immanuel, der Gott-mit-uns, der Gott, der rettet. Gott hat die Welt so sehr geliebt, dass er für sie seinen einzigen Sohn dahingab. Dies ist auch die tiefste Überzeugung des heiligen Franz. Diesen Glauben hat er von der Kirche erhalten. In seiner Nähe gab es viele Menschen, so beispielsweise die Katharer, die der Meinung waren, die Welt habe ihren Ursprung aus einem bösen Prinzip. Alles Materielle sei schlecht. Deshalb war für sie die Rettung und die Erlösung nur möglich, wenn der Mensch aus dem Gefängnis der Materie, d. h. hier aus der Leiblichkeit ausbrechen würde. Diese Leute verachteten auch die Frau, weil sie der Überzeugung waren, dass sie im Augenblick ihrer Empfängnis eines Kindes dessen Seele in ihrem Körper einkerkere, und sie verachteten auch die Priester, weil sie nach ihrer falschen Auffassung das Sakrament der Eucharistie bei der Verwandlung Gott gleichsam in ein Stück Brot zwängten.

Franziskus gab keine große Erklärung gegen diese Irr-
lehrer ab. Aber was er dagegen tat: er verehrte um so
mehr die Frau, die der himmlische Vater als Mutter
seines Sohnes erwählt hatte, Maria; und er verehrte
ebenso die Priester, weil sie den heiligsten Leib und
das kostbare Blut seines Sohnes schenkten. Der
Glaube eines heiligen Franz ist auch eine Anfrage an
uns: Haben wir etwas von der Offenheit und Demut
eines Franziskus, um mit dem Glauben und voller
Dankbarkeit den Herrn zu empfangen, der sich uns
durch die Geschöpfe schenkt? Ein ganz schönes Bild,
wie Bruder Franz seine marianische Spiritualität in
einem Gebet ausdrückt, das er im Marienheiligtum
Portiunkula in Santa Maria von den Engeln kompo-
niert hat, ist der wunderschöne Gruß an Maria.

Gruß an die selige Jungfrau Maria
Sei gegrüßt, Herrin, heilige Königin, heilige Gottesmutter Maria, du bist Jungfrau, zur Kirche gemacht
und erwählt vom heiligsten Vater im Himmel, die er
geweiht hat mit seinem heiligsten geliebten
Sohn und dem Heiligen Geiste, dem Tröster; in der
war und ist alle Fülle der Gnade und jegliches Gute.
Sei gegrüßt, du sein Palast.
Sei gegrüßt, du sein Gezelt.

Sei gegrüßt, du seine Wohnung.
Sei gegrüßt, du sein Gewand.
Sei gegrüßt, du seine Magd.
Sei gegrüßt, du seine Mutter.

Meditation II:

Wie eine Ikone lenkt Maria unsere Aufmerksamkeit nicht auf sich selbst, sondern verweist auf das Geheimnis, das sie in sich trägt: Jesus. Für Franziskus ist Maria die Magd des Herrn. Sie ist die, die sich in den Dienst des Liebesplanes des himmlischen Vaters gestellt hat. Franziskus betrachtet darum immer wieder den wichtigen Schritt im Handeln Gottes an Maria, nämlich die Verkündigung. Gott kommt zur Welt, auf Grund der Zustimmung Mariens und ihrer Mittlerschaft.

Maria, der Priester, ja jeder Gläubige sind Wege, die Jesus wählt, um in dieser Welt zu sein. Maria empfängt das Wort Gottes in ihrem Schoß und schenkt der Menschheit den Jesus der Geschichte. Der Priester empfängt Jesus in seinen Händen und teilt ihn in der Eucharistie an die Menschen aus. So wird Jesus für sie sakramental gegenwärtig. Jeder Gläubige wiederum macht durch das Wirken des Heiligen Geistes die Gegenwart Jesu in dieser Welt erfahrbar. Sie wird sichtbar im liebevollen Handeln.

Für den Heiligen ist Maria die perfekte Christin. Immer wenn er über das Wesen des christlichen Lebens meditiert, liefert er uns einen Marianischen Gedanken. Für ihn ist jede menschliche Schöpfung eine Tochter des Vaters, Mutter des Sohnes und Braut des Heiligen Geistes. Im zweiten *Brief an die Gläubigen* konzentriert Franz dieses Thema besonders auf das Verhältnis zwischen den Gläubigen und Jesus, dem Christus:

Brief an die Gläubigen
des heiligen Franz von Assisi

Und alle jene Männer und Frauen: wenn sie dieses tun und darin bis zum Ende verharren, so „wird der Geist des Herrn auf ihnen ruhen" (Jes 11,2), und er wird sich in ihnen eine Wohnung und Bleibe schaffen (vgl. Joh 14,23). Und sie werden Kinder des himmlischen Vaters sein (vgl. Mt 5,45), dessen Werke sie tun. Und sie sind Anverlobte, Brüder und Mütter unseres Herrn Jesus Christus (vgl. Mt 12,50).

Anverlobte sind wir, wenn die gläubige Seele durch den Heiligen Geist mit Jesus Christus verbunden wird.

Brüder sind wir ja, wenn wir den Willen seines Vaters tun, der im Himmel ist (vgl. Mt 12,50).

Mütter sind wir, wenn wir ihn durch die Liebe und ein reines und lauteres Gewissen in unserem Herzen und Leibe tragen (vgl. 1 Kor 6,20); wir gebären ihn durch ein heiliges Wirken, das anderen als Vorbild leuchten soll (vgl. Mt 5,16).

Lied: Mutter Gottes, wir rufen zu dir (Liedanhang)

Meditation III:

Mit Hartnäckigkeit vertritt Franziskus seine tiefe Überzeugung von der gemeinsamen Berufung aller Christen. Maria und jedes menschliche Wesen sind gerufen, diese tiefe Verbundenheit mit der Dreifaltigkeit zu leben, um so zu Gläubigen zu werden, die das Wort Gottes hören und in die Tat umsetzen.

Maria ist ein Modell für ein gelungenes Leben. Sie steht ganz in Beziehung zu Jesus und nimmt beispielhaft am Geheimnis Christi teil. Maria ist die Mutter der Lebenden, das fruchtbare Land, auf dem unsere Rettung wächst. Jede menschliche Teilnahme an der Heilsgeschichte bedeutet deswegen, Jesus zu empfangen und ihn an die Welt und die Gläubigen weiterzugeben. Dies geschieht durch Zustimmung und Mitwirken mit dem Geist der Liebe. Es ist nämlich der gleiche Geist, der in der Menschwerdung unseres Gottes, in der Eucharistie und im christlichen Leben des Gläubigen wirkt. Maria verkörpert und offenbart das, was wir Menschen werden, wenn wir den Heiligen Geist empfangen und wenn das Evangelium in uns Fleisch annimmt. Der Heilige zeigt seinen Brüdern, ja allen Gläubigen, nichts anderes auf, als dass das Leben darin besteht, das Evangelium Jesu Christi in die Tat umzusetzen, um so in die Familie Jesu aufgenommen zu werden: „Meine Mutter und meine Brüder sind die, die das Wort Gottes hören und danach handeln" (Lk 8,21).

Maria ist so das erste Modell eines gelungenen Christenlebens. In ihr ist beispielhaft ein ganzes Christenleben aufgezeigt: Es beginnt mit der Erwählung durch Gott, will als Antwort die Weihe des Menschen an Gott und zeigt sich im Segen, der von einem solchen Christenleben ausgeht.

Lied: Den Herren will ich loben (GL 261,1-3; KG 760,1-4)

Wir beten ein Gesätzchen vom **Franziskanischen Rosenkranz**.

Schlusslied: Lasst uns erfreuen herzlich sehr (GL 585,1-3; KG 753,1-3)

Pater Gottfried Egger OFM

„Der Engel des Herrn", ein Gebet mit franziskanischen Wurzeln

Franziskanerkloster Mariaburg

Eingangslied: Maria, dich lieben
(GL 594,1-2; KG 764,1-2)

Einleitung

Dreimal am Tag läuten unsere Kirchenglocken: am Morgen, am Mittag und Abend. Dieses Läuten ist selbst in unserer heutigen Zeit nicht aus der Mode gekommen. Selbst ein schweizerischer Bundesgerichtsentscheid proklamierte auf eine Beschwerde gegen das Frühläuten: Dieses Läuten gehört zu unserer abendländischen Kultur und Tradition! Viele unserer Zeitgenossinnen verstehen den eigentlichen Sinn dieses Läutens nicht mehr. Dazu kommt, dass gerade in den Städten und großen Ortschaften der Lärm des Straßenverkehrs, der Industrielärm und die geschäftige Hetze das Läuten unserer Kirchenglocken leicht überhören lässt. Wer nimmt schon Notiz davon? In unseren Schulen geht der Unterricht weiter. In den Fabriken dringt allerhöchstens die Sirene zur Pause oder zum Schichtwechsel ins Bewusstsein, doch nicht die Kirchenglocken. In früheren Zeiten, als das Leben weithin geregelter und geruhsamer war, aber dennoch nicht leichter, achtete man viel stärker auf dieses dreimalige Läuten am Tag. Die Bauern unterbrachen ihre Arbeit auf dem Feld oder im Haus, zogen den Hut vom Kopf oder knieten gar nieder. Dabei beteten sie den „Angelus", den „Engel des Herrn". Wie viel Freude und Kraft gab dieses Gebet, wenn gläubige Menschen vieler Generationen beim Glockenläuten den Engel des Herrn beteten. Bei manchen wurde dieses Gebet auch zu den Essenszeiten verrichtet. Dabei wurde der Menschwerdung Gottes gedacht. Die Menschwerdung Gottes bedeutet den Wendepunkt der Weltgeschichte. An diesem Wendepunkt steht ein Mensch, der wie kein anderer mit Gottes Gnade mitgewirkt hat, Maria. Sie ist gleichsam das Tor geworden, durch das Gott in unsere Welt hineinkommen konnte. Daran will uns das Glockengeläut dreimal am Tag erinnern.

Meditation I:
Der Lebens- und Arbeitsrhythmus hat sich bei uns stark verändert. An bestimmten Orten darf sogar nicht mehr morgens mit den Kirchenglocken geläutet

werden. Es könnten gestresste Mitbürger dabei geweckt werden; dennoch ist zu hoffen, dass gerade in Zeiten um den Minarettstreit dieser christliche „Weckruf" nicht verschwinden wird.

Der Brauch des „Angelusgebetes" oder des „Engel des Herrn" geht bis ins 13. Jahrhundert zurück. Franz von Assisi, der auf seiner Missionsreise bis in den Orient vorgedrungen ist, war vom moslemischen Gebetsrufer, dem Muezzin, der fünfmal am Tag vom Turm der Moschee, dem Minarett, aus die Gläubigen aufrief, Allah zu loben, aufs tiefste beeindruckt: *„Allah ist groß, es gibt keinen Gott außer Allah!"* Als der Poverello wieder heimgekehrt war, wollte er diesen Brauch, wenn auch auf veränderte Weise, in unseren Landen eingeführt wissen. So schrieb er an die Oberen, die „Kustoden" seines Ordens, folgendes: *„Und sein Lob sollt ihr allen Leuten so künden und predigen, dass zu jeder Stunde und wenn die Glocken läuten, dem allmächtigen Gott vom gesamten Volk auf der ganzen Erde immer Lobpreis und Dank dargebracht werde."* (Brief an die Kustoden 1,8) Er schrieb sogar einen Brief an die Lenker der Völker, worin er den gleichen Wunsch aussprach: *„So bereitet doch dem Herrn unter dem euch anvertrauten Volke so große Ehre, dass an jedem Abend durch einen Herold oder durch irgendein Zeichen angesagt wird, das ganze Volk bringe Gott, dem allmäch-*

tigen Herrn, Lobpreis und Dank dar. "(Brief an die Lenker der Völker 7) Das war noch nicht der „Angelus", den wir heute kennen. Aber das „Gebetsläuten" … hatte damit in unserer abendländischen Kirche den Anfang genommen.

Der eigentliche „Initiator" dieses Gebetes ist Bruder Benedikt Sinigardi aus Arezzo. In jungen Jahren – es war 1211 – hörte er in seiner Vaterstadt den Heiligen aus Assisi predigen. Der sehr gebildete adelige Mann war von seinem Wort so ergriffen, dass er sich dem Orden des hl. Franz anschloss. Bruder Benedikt war einer der Brüder, die von Franziskus persönlich die Kutte erhielten. Mit 27 Jahren wurde er Provinzial der Mark Ancona. Sein missionarischer Geist führte ihn danach nach Griechenland, Rumänien und in die Türkei, wo er die Trennung der Ost- und Westkirche zu spüren bekam. Danach begab er sich in die Heimat Jesu. Dort wurde ihm von den Brüdern des Hl. Landes der Dienst des Provinzials, des Custos des Heiligen Landes, anvertraut. Sechzehn Jahre arbeitete er unermüdlich in dieser Provinz. In dieser Zeit gründete er den ersten Franziskanerkonvent in Konstantinopel.

1241 kehrte er wieder in seine Heimatstadt Arezzo zurück. Dort führte er bei seinen Mitbrüdern im Heimatkloster folgende Marienantiphon ein: *„Angelus Do-*

mini locutus est Mariae", „der Engel des Herrn sprach zu Maria". Dabei ordnete er an, dies am Abend zu beten und mit der Klosterglocke ein Zeichen zu geben.

Lied: Der Engel des Herrn (Liedanhang, 1. Strophe)

Meditation II:

Das Beispiel von Arezzo machte Schule. Der hl. Bonaventura, der 8. Generalminister und Erneuerer des Franziskanerordens, riet seinen Mitbrüdern auf dem Generalkapitel zu Pisa 1263: „Die Brüder sollen die Gläubigen anleiten, am Abend, wenn es in den Klöstern zur Komplet läutet, Maria dreimal zu grüßen. Sie sollen es mit den gleichen Worten tun, mit denen der Engel Gabriel Maria gegrüßt hatte, also mit dem Ave Maria" (vgl. Lk 1,38). Das Provinzkapitel der Franziskaner in Padua verordnete 1294 den Minderbrüdern folgendes: „In allen Konventen läute man am Abend dreimal kurz die Glocke, um die Gottesmutter zu ehren. Alle Brüder sollen dabei die Knie beugen und dreimal beten: ‚Ave Maria' "

Hinter dieser frommen Gebetsempfehlung stand im Mittelalter die weit verbreitete Vorstellung, es sei Abend gewesen, als der Engel des Herrn Maria die Botschaft brachte.

Als Papst Johannes Paul II. am 23. Mai 1993 die Stadt Arezzo besuchte, machte er einen Gebetshalt am Grab des Seligen Benedikt von Sinigardi. Dort sagte er: *„Es ist immer sehr wirkungsvoll, mitten im Tag innezuhalten und ein marianisches Gebet zu sprechen. Heute ist es besonders bedeutsam, weil wir uns an dem Ort befinden, wo nach der Überlieferung der Brauch des Angelusbetens entstanden ist."*

Lied: Der Engel des Herrn (Liedanhang, 2. Strophe)

Meditation III:

In der Weltkirche bürgerte sich das allabendliche Glockenzeichen zuerst 1307 in Gran (Ungarn) ein, danach wird es 1327 in Rom bezeugt. Papst Johannes XXII. ordnete 1318 an, dass zum täglichen Feierabendläuten die Jungfrau Maria durch drei „Ave" zu grüßen sei. Von 1317/18 haben wir die erste Nachricht vom Gebetsläuten am Morgen, und zwar in Parma. Das Mittagsläuten wird uns zum ersten Mal 1386 aus Prag überliefert.

In einem zeitlich langen Prozess hat sich der uns vertraute „Englische Gruß" herauskristallisiert. Den „Angelus" in der heutigen Form finden wir zum ersten Mal im „Offizium Parvum Beatae Virginis Mariae", im

„Kleinen Offizium der seligen Jungfrau Maria", das unter Papst Pius V. 1571 herausgekommen ist.

Das Begleitgebet, das zum Abendläuten und dann auch zum jüngeren Morgen- und Mittagsläuten verwendet wird, hat sich seit dem ausgehenden 16. Jh. allgemein durchgesetzt. Ursprünglich stammte es aus der Messe des Hochfestes „Verkündigung des Herrn" am 25. März. Im Messbuch, das von Papst Paul VI. approbiert wurde, wird es als Tagesgebet am Gedenktag „Unserer Lieben Frau vom Rosenkranz", dem 7. Oktober, verwendet.

Das Gebet umfasst in einem Dreiklang das unerhörte Geschehen der Verkündigung, der Stunde des Heiles: Gott wird Mensch für uns. Der Angelus eignet sich als Gebet an den drei Eckpunkten des Tages als eine Art Volksbrevier, das mithilft, die Tagzeiten zu heiligen. „Der Engel des Herrn" will uns Menschen daran erinnern, wie wertvoll wir in den Augen Gottes sind, weil er selber Mensch wurde, um uns Menschen zu erlösen.

Lied: Der Engel des Herrn (Liedanhang, 3.Strophe)

Wir beten gemeinsam:

Der Engel des Herrn brachte Maria die frohe Botschaft, und sie empfing vom Heiligen Geist.

Gegrüßt seist du, Maria …
Maria sprach: Siehe, ich bin die Magd des Herrn;
mir geschehe nach deinem Wort.
Gegrüßt seist du, Maria …
Und das Wort ist Fleisch geworden und hat unter uns
gewohnt.
Gegrüßt seist du, Maria …
Bitte für uns, heilige Gottesmutter;
dass wir würdig werden der Verheißungen Christi.
Lasst uns beten. Allmächtiger Gott, gieß deine Gnade
in unsere Herzen ein. Durch die Botschaft des Engels
haben wir die Menschwerdung Christi, deines Sohnes, erkannt. Lass uns durch sein Leiden und Kreuz
zur Herrlichkeit der Auferstehung gelangen. Darum
bitten wir durch Christus, unseren Herrn. Amen.

Erstes Gesätzchen vom freudenreichen Rosen-
kranz

Wechselgebet: Der Weg Marias – unser Weg
L: Der Engel trat bei Maria ein und sagte: Sei gegrüßt,
du Begnadete, der Herr ist mit dir. Sie erschrak über
die Anrede und überlegte, was dieser Gruß zu bedeu-
ten habe.

V: So beginnt der Weg Marias mit Jesus: Maria, das Mädchen von Nazaret, hört ein Wort, fühlt sich betroffen, kommt nicht mehr los. Sie erschrickt über den Gruß, aber sie ist offen, ansprechbar, auch für das Unerwartete.

A: Gott, mach uns offen und ansprechbar für dich.

L: Der Engel sagte zu ihr: Fürchte dich nicht, Maria, denn du hast Gnade gefunden bei Gott. Du wirst einen Sohn gebären: dem sollst du den Namen Jesus geben.

V: Die Offenheit und Ansprechbarkeit ist die menschliche Voraussetzung dafür, dass Maria die Mutter Jesu werden kann. Aber ihre Mutterschaft ist zuerst Gnade, Geschenk der Liebe Gottes.

A: Gott, mach uns dankbar für die Gnade, die du uns schenkst.

L: Maria sagte zu dem Engel: Wie soll das geschehen, da ich keinen Mann erkenne?

V: Maria folgt nicht blind dem Wort des Engels. Ihr Glaube lässt Fragen zu, die sie auszusprechen wagt.

A: Gott, gib uns einen Glauben, der den Fragen des Lebens standhält.

L: Der Engel antwortete ihr: Der Heilige Geist wird über dich kommen, und die Kraft des Höchsten wird dich überschatten. Deshalb wird auch das Kind Sohn

Gottes genannt werden. Denn für Gott ist nichts unmöglich. Da sagte Maria: Mir geschehe, wie du es gesagt hast.

V: Erst auf die Zusage, dass bei Gott nichts unmöglich ist, willigt Maria in die ihr zugedachte Rolle ein, Mutter des Sohnes des Höchsten zu werden.

A: Gott, hilf uns, Ja zu sagen zu dem, was du uns schickst.

L: Maria machte sich auf den Weg zu ihrer Verwandten Elisabet. Da wurde Elisabet vom Heiligen Geist erfüllt und rief mit lauter Stimme: Gesegnet bist du mehr als alle anderen Frauen, und gesegnet ist die Frucht deines Leibes. Selig ist die, die geglaubt hat, dass sich erfüllt, was der Herr ihr sagen ließ.

V: Maria kann das Glück ihrer Mutterschaft nicht für sich behalten. Sie eilt zu Elisabet. Und ihre Verwandte, vom Heiligen Geist erfüllt, preist sie selig. Wir stimmen ein in das Lob der Elisabet:

A: Selig bist du, die geglaubt hat, dass sich erfüllt, was der Herr ihr sagen ließ.

L: Josef wollte sich in Betlehem in die Steuerliste eintragen lassen mit Maria, seiner Verlobten, die ein Kind erwartete. Als sie dort waren, kam für Maria die Zeit ihrer Niederkunft, und sie gebar ihren Sohn. Sie wickelte ihn in Windeln und legte ihn in eine Krippe, weil in der Herberge kein Platz für sie war.

V: Der Besitzer der Herberge schreckt zurück vor den Unannehmlichkeiten, die eine hochschwangere Frau ihm bringen könnte. Er weist das Paar ab. So teilen Maria und Josef das Schicksal derer, für die kein Platz ist in unserer Gesellschaft.

A: Gott, segne alle werdenden Mütter. Lass sie der Geburt ihres Kindes in froher Erwartung entgegensehen.

L: Simeon sagte zu Maria, der Mutter Jesu: Dieser wird ein Zeichen sein, dem widersprochen wird. Dir selbst wird ein Schwert durch die Seele dringen.

V: Das Glück der jungen Eltern wird überschattet von der dunklen Ahnung, die der greise Simeon, vom Heiligen Geist erfüllt, ausspricht. Der Widerspruch gegen Jesus, der ihn in den Tod führt, wird seine Mutter im Innersten treffen.

A: Gott, stärke die Mütter, deren Söhne und Töchter verfolgt, gefoltert und ermordet werden.

L: Als Jesus vom Kreuz herab seine Mutter sah und bei ihr den Jünger, den er liebte, sagte er zu seiner Mutter: Frau, siehe dein Sohn. Dann sagte er zu dem Jünger: Siehe, deine Mutter.

V: Vor seinem Tod am Kreuz empfiehlt Jesus den Lieblingsjünger und mit ihm die junge Gemeinde der Sorge seiner Mutter.

A: Gott, hilf der Kirche in ihrer Sorge um die Menschen, die Not leiden.

V: Barmherziger Gott, du hast uns Maria als Mutter und Vorbild der Kirche geschenkt. Mach uns wie sie bereit für den selbstlosen Dienst an den Menschen. Lass uns wie Maria den Weg der Enttäuschungen, der Prüfungen und der Schmerzen gehen in der Geduld des Glaubens und in der Verbundenheit mit Jesus, damit wir einst mit Maria und ihrem Sohn uns ewig freuen dürfen im Licht deiner Herrlichkeit.

A: Amen.

Schlusslied: *Ave Maria zart* (GL 583,1-4; KG 749-1,4)

P. *Gottfried Egger* OFM

Maria auf dem Weg zu Elisabet –
Das Geheimnis
der Menschwerdung Gottes
in meinem Leben
Congregatio Jesu

Begrüßung
Ganz herzlich begrüße ich alle, die sich zu dieser Andacht auf den Weg gemacht haben, in der wir unseren Blick auf Maria richten und mit ihr Gott für sein Wirken an uns danken möchten.

Liturgische Eröffnung
Beginnen wir den Gottesdienst:
Im Namen des Vaters und des Sohnes und des hl. Geistes.
Grüßen wir Maria mit dem Lied

Lied: O Maria, sei gegrüßt (GL 582)

Hinführung
Bei der Ankündigung der Geburt Jesu durch den Engel Gabriel erfährt Maria, dass ihre Verwandte Elisabet ein Kind erwartet und schon im sechsten Mo-

nat sei – obwohl von ihr gesagt werde, sie könne kein Kind bekommen. Dieses Wissen um die Schwangerschaft Elisabets bewegt Maria gleich, und sie macht sich zu ihr auf den Weg. Bevor wir das Wort aus dem Evangelium hören, bitten wir um Gottes Geist, der uns für das Wort Gottes öffen kann:

Lied: Komm, Heiliger Geist (GL 241,1-3)

Evangelium: Lk 1,39-56
Nach einigen Tagen machte sich Maria auf den Weg und eilte in eine Stadt im Bergland von Judäa. Sie ging in das Haus des Zacharias und begrüßte Elisabet. Als Elisabet den Gruß Marias hörte, hüpfte das Kind in ihrem Leib. Da wurde Elisabet vom Heiligen Geist erfüllt und rief mit lauter Stimme: Gesegnet bist du mehr als alle anderen Frauen, und gesegnet ist die Frucht deines Leibes. Wer bin ich, dass die Mutter meines Herrn zu mir kommt? In dem Augenblick, als ich deinen Gruß hörte, hüpfte das Kind vor Freude in meinem Leib. Selig ist die, die geglaubt hat, dass sich erfüllt, was der Herr ihr sagen ließ. Da sagte Maria: Meine Seele preist die Größe des Herrn, und mein Geist jubelt über Gott, meinen Retter. Denn auf die Niedrigkeit seiner Magd hat er geschaut.

Siehe, von nun an preisen mich selig alle Geschlechter. Denn der Mächtige hat Großes an mir getan, und sein Name ist heilig. Er erbarmt sich von Geschlecht zu Geschlecht über alle, die ihn fürchten. Er vollbringt mit seinem Arm machtvolle Taten: Er zerstreut, die im Herzen voll Hochmut sind; er stürzt die Mächtigen vom Thron und erhöht die Niedrigen. Die Hungernden beschenkt er mit seinen Gaben und lässt die Reichen leer ausgehen. Er nimmt sich seines Knechtes Israel an und denkt an sein Erbarmen, das er unseren Vätern verheißen hat, Abraham und seinen Nachkommen auf ewig. Und Maria blieb etwa drei Monate bei ihr; dann kehrte sie nach Hause zurück.

Gebet vom Fest der Heimsuchung:
Allmächtiger, ewiger Gott,
vom Heiligen Geist geführt,
eilte Maria, die deinen Sohn in ihrem Schoß trug,
zu ihrer Verwandten Elisabet.
Hilf auch uns,
den Eingebungen deines Geistes zu folgen,
damit wir vereint mit Maria deine Größe preisen.
Darum bitten wir durch Jesus Christus.

Lied: Komm, Heilger Geist (GL 241, 4-7)

Anregungen zu einer Meditation – Einladung zum Gebet:

Das Evangelium, das wir gehört haben, kann uns aufmerksam machen auf das Geheimnis der Menschwerdung Gottes, das sich mitten in unserem Leben ereignet. Wenn Origenes sagt: „Beten ist Aufbruch in ein jeweils neues Geheimnis", so gilt das Wort ganz besonders vom Rosenkranzgebet, das uns einlädt, die Geheimnisse des Lebens Jesu zu meditieren und in unser Herz dringen zu lassen.

Maria darf in ihrem Leib „ Jesus", dem Lieblingswort Gottes, Raum geben und so das kostbarste Geschenk des Vaters, seinen Sohn, in unsere Welt tragen.

Der Name „Jesus" ist wie eine kostbare Perle in dem Gebet des Ave Marias eingeschlossen und öffnet uns den Blick auf das jeweilige Geheimnis aus seinem Leben.

Wie mit dem Namen Jesu ein Geheimnis aus seinem Leben verbunden wird, so besteht auch die Möglichkeit, dass ich die Wirklichkeit, die ich erlebe, mit Jesus in Kontakt bringe.

Auf diese Weise kann ich aufmerksam werden auf die kostbaren Schätze, die im Acker des Lebens für mich verborgen sind, kann die Wirklichkeit für mich auf Gott hin transparent werden.

Mit Jesus, den Maria als ihr Geheimnis – wie einen kostbaren Schatz – in sich trägt, macht sich Maria auf den Weg zu Elisabet, um ihr beizustehen.

Wenn diese Aussage im Blick auf Jesus ausgesagt wird, dann können sich folgende Perlen finden lassen:

Jesus, der sich mit Maria auf den Weg macht.

Jesus, den Maria zu Elisabet trägt.

Jesus, der die Mühen des Weges nicht scheut.

Jesus, der auch auf dem Weg zu mir ist.

In dieser Weise des Betens kann Gott jedem ganz persönlich seine Nähe schenken und ihm die Gewissheit geben, dass er alle Wege des Lebens mitgeht.

Gebet: Beten wir gemeinsam ein Gesätz des Rosenkranzes:

> z.B. Jesus, der mit Maria auf dem Weg ist.

Wir dürfen sicher sein, dass Maria auch uns zu Hilfe eilt, wenn wir ihr unsere Not anvertauen und für ihr Dasein Gott danken:

Wir können es gemeinsam in dem folgenden Lied tun:

Lied: Mutter Gottes, wir rufen zu dir (Liedanhang)

Gebet: Lobpreis (GL 783)

Lied: Den Herren will ich loben (GL 261)

Segenswunsch: Lassen wir uns zum Schluss des Gottesdienstes einen guten Wunsch zusagen:

Kraft zum Unterwegssein
wünsche ich dir:
Gottes Bestärkung in deinem Leben.

Mut zur Versöhnung
wünsche ich dir:
Gottes Wohlwollen in deinem Leben.

Grund zur Hoffnung
wünsche ich dir:
Gottes Licht in deinem Leben.

Vertrauen zum Miteinander
wünsche ich dir:
Gottes Verheißung, sein Volk zu sein.

Begeisterung zum Aufbruch
wünsche ich uns:

Gottes Wegbegleitung und Segen. Amen.
(Pierre Stutz)

Segen: Gott erfülle die uns zugesagten Wünsche und schenke uns seinen Segen:

Es segne uns auf all unseren Wegen der gute Gott, der Vater, der Sohn und der Heilige Geist. Amen

Lied: Groß sein lässt meine Seele den Herrn (Liedanhang)

Sr. Maria Gabriel Kessenich CJ

Liedanhang

Der Engel des Herrn

1. Der En-gel des Herrn aus Got-tes Macht hat Ma - ri - a die Bot - schaft bracht: Sie soll die Mut - ter Got - tes sein und blei-ben ei - ne Jung-frau rein.

2. Maria sprach: „Ich bin ganz rein
und will die Magd des Herrn sein.
Dein Wille, o Herr, gescheh'an mir,
mein Herz, O Gott , das schenk ich dir."

3. Das heilige Wort, das Fleisch worden ist
und wird genannt Herr Jesus Christ.
Dein bittres Leid, o großer Gott,
das stärke mich in meinem Tod.

T und M: aufgezeichnet als Wallfahrerlied aus dem steirischen Jogelland von Michael Pfliegler, Fahrend Volk 1927.

Erhebt in vollen Chören

1. Er - hebt in vol-len Chö-ren Ma - ri - a, singt ihr
Lob; ver-eint euch, sie zu eh-ren, die Gott so hoch er-
hob. *Kv* Hei-li-ge Ma - ri - a, hei-li-ge Ma - ri - a,
un-ser Trost, uns-re Freud, sei ge-lobt in E-wig-keit!

2. Du bist's, die Gott erkoren
zum Heil in Israel:
du bist's , die uns geboren
den Gott Immanuel. Heilige Maria …

3. Hilf uns in allen Leiden,
schütz uns in Angst und Not;
erbitte, wann wir scheiden,
uns einen selgen Tod. Heilige Maria …

T: Clemens und Hoogen, Düsseldorf 1798;
M: nach Martin von Cochem 1733

Groß sein lässt meine Seele den Herrn

Kv Groß sein lässt mei-ne See-le den Herrn,

denn er ist mein Ret-ter. Groß sein lässt mei-ne

fine

See-le den Herrn, denn er ist mein Heil.

1. Laut rühmt mei-ne See-le Got-tes
   Denn sein Au-ge hat ge-schaut auf

Macht und Herr-lich-keit, und mein Geist froh-
sei-ne klei-ne Magd, und nun sin-gen

lockt in mei-nem Ret-ter und Herrn.
al-le Völ-ker mit mir im Chor. *Kv*

2. Denn der Starke hat Gewaltiges an mir getan,
und sein Name leuchtet auf in herrlichem Glanz.
Er gießt sein Erbarmen aus durch alle Erdenzeit
über jeden, der im Herzen Vater ihn nennt.

3. Große Taten führt er aus mit seinem starken Arm.
Menschen voller Stolz und Hochmut treibt er davon.
Die die Macht missbrauchen , stürzt er hart von ihrem
Thron und erhebt, die niedrig sind und arm in der
Welt.

4. Hungernde lädt er zum Mahle an seinen Tisch,
doch mit leeren Händen schickt er Reiche nach Haus.
Seines Volkes Israel nimmt er sich gütig an,
wie er Abraham und allen Vätern verhieß.

5. Ehre sei dem Vater, der uns einlädt in sein Reich.
Ehre sei dem Sohne, der die Liebe uns zeigt.
Ehre sei dem Geiste, der die Einheit uns verleiht,
wie im Anfang so auch jetzt und für alle Zeit.

(nach Lk 1,46-55)
T u. M: © Martin Schraufstetter, Schlegelstraße 4, 81369 München

Meerstern, ich dich grüße

1. Meer-stern, ich dich grü-ße, o Ma-ri-a, hilf! Got-tes-mut-ter sü-ße, o Ma-ri-a, hilf! Ma-ri-a, hilf uns al-len aus uns-rer tie-fen Not!

2. Rose ohne Dorne, o Maria, hilf!
Du von Gott Erkorne, o Maria, hilf!
Maria …

3. Lilie ohnegleichen, o Maria, hilf!
Dir selbst Engel weichen, o Maria, hilf!
Maria …

4. Quelle aller Freuden, o Maria, hilf!
Trösterin in Leiden, o Maria, hilf!
Maria …

5. Hoch auf deinem Throne, o Maria, hilf!
Aller Jungfraun Krone, o Maria, hilf!
Maria …

6. Gib ein reines Leben, o Maria, hilf!
Sichre Reis' daneben, o Maria, hilf!
Maria …

T und M: „Geistliche Volkslieder", Paderborn 1850;
Fränkisches Wallfahrtslied

Milde Königin, gedenke

1. Mil-de Kö-ni-gin, ge-den-ke, wie's auf Er-den
un - er - hört, dass zu dir ein Pil-ger len-ke,
der ver-las-sen wie-der-kehrt. Nein, o Mut-ter,
weit und breit schallt's durch dei-ner Kin-der Mit-te:
Dass Ma - ri - a ei-ne Bit-te nicht ge-währt, ist
un - er - hört, un - er - hört in E - wig-keit.

2. Wer in deinen Schutz geflohen, wer nur deiner nicht vergisst, muss bekennen, wie das Drohen selbst der Hölle nichtig ist. Liebste Mutter!

3. Rief man dich im Streit des Lebens, wo zu helfen du verneint, hat man, Jungfrau je vergebens seine Tränen dir geweint? Nein, o Mutter!

4. Jungfrau, Mutter der Jungfrauen, sieh, ich eile hin zu dir; sieh, ich komme voll Vertrauen: hilf, o Mutter, hilf auch mir. Liebste Mutter!

5. Ach, erhöre meine Worte, führ mich hin zu deinem Sohn, öffne mir die Himmelspforte, dass ich ewig bei dir wohn! Liebste Mutter

T: bearbeitet durch Pilat, Wien; M: P. Alb. Zwyssig, Luzern 1841

Mutter Gottes, wir rufen zu dir

V/A   Mut-ter Got-tes, wir ru-fen zu dir.

V   Dich lo-ben die Chö-re der En-gel,

A   Ma - ri - a, wir ru-fen zu dir!

V/A   Mutter Gottes, wir rufen zu dir!
V   Dich loben die Chöre der Engel,
A   Maria, wir rufen zu dir!
V   Dich loben die Heiligen Gottes,
           Dich loben die seligen Scharen,
           Dich lobet die heilige Kirche,
           Dich loben die Menschen auf Erden,
A   Mutter Gottes wir rufen zu dir!
V   Du bist ja die Mutter der Gnade,
           Der Sitz aller göttlichen Weisheit,
           Die Mutter des ewigen Rates,
           Die Mutter der göttlichen Stärke,
           Die Mutter der schönen Liebe,
A   Mutter Gottes, wir rufen zu dir!
V   Du bist ja die Herrin der Himmel,

Die Krone aller Jungfrauen,
Die Königin aller Bekenner,
Der Märtyrer himmlische Fürstin,
Die Mutter der heil'gen Apostel,

A Mutter Gottes, wir rufen zu dir!

V Du bist ja der Seligen Freude,
Du bist das Lob der Getreuen,
Die Hilfe der sieghaften Streiter,
Die Ehre aller Gerechten,
die Liebe der Boten des Friedens,

A Mutter Gottes, wir rufen zu dir!

V Du Reis aus der Wurzel Jesse,
Du Temple des Heiligen Geistes,
Du Arche des Neuen Bundes,
Du Pforte des himmlischen Reiches,
Du Spiegel der heiligen Kirche,

A Mutter Gottes, wir rufen zu dir!

V Du bist ja die Zuflucht der Sünder,
Die Trösterin in der Betrübnis,
Die Hilfe des Volkes Gottes,
Die Ursache unserer Freude,
Die Mutter aller Erlösten,

A Mutter Gottes, wir rufen zu dir!

V Wir beten gemeinsam zu Maria, der Mutter
aller Völker, der Mutter der Barmherzigkeit:

A   Hilf, Maria, es ist Zeit,
hilf, Mutter der Barmherzigkeit.
Du bist mächtig, uns aus Nöten
und Gefahren zu erretten;
denn wo Menschenhilf gebricht,
mangelt doch die dein nicht.
Nein, du kannst das heiße Flehen
deiner Kinder nicht verschmähen.
Zeige, dass du Mutter bist,
wo die Not am größten ist.
Hilf, Maria, es ist Zeit,
hilf, Mutter der Barmherzigkeit.

M.: volkstümlich/aus Grüssau (frei); T: Thurmair, Maria Luise,
© Verlag Herder, Freiburg

Nun, Brüder, sind wir frohgemut

1. Nun, Brü-der, sind wir froh-ge-mut, so will es
Die See-len sin-gen uns im Blut, nun soll ein
Gott ge-fal-len!
Lob er-schal-len! Wir grü-ßen dich in dei-nem
Haus, du Mut-ter al-ler Gna-den. Nun brei-te
dei-ne Hän-de aus, dann wird kein Feind uns scha-den.

2. Es lobt das Licht und das Gestein
gar herrlich dich mit Schweigen.
Der Sonne Glanz, des Mondes Schein
will dein Wunder zeigen.
Wir aber kommen aus der Zeit
ganz arm in deine Helle
und tragen Sünde, tragen Leid
zu deiner Gnadenquelle.

3. Wir zünden froh die Kerzen an,
dass sie sich still verbrennen,

und lösen diesen dunklen Bann,
dass wir dein Bild erkennen.
Du Mutter und du Königin,
der alles hingegeben,
das Ende und der Anbeginn,
der Liebe und das Leben.

4. Lass deine Lichter hell und gut
an allen Straßen brennen!
Gib allen Herzen rechten Mut,
dass sie ihr Ziel erkennen!
Und führe uns in aller Zeit
mit deinen guten Händen,
um Gottes große Herrlichkeit
in Demut zu vollenden.

T: Georg Thurmair; M: Adolf Lohmann 1936 © Verlag Herder, Freiburg

Wunderschön prächtige

1. Wun - der - schön präch - ti - ge, ho - he und
mäch - ti - ge, lieb - reich hold - se - li - ge himm - li - sche
Frau, Gut, Blut und Le - ben will ich dir
ge - ben; al - les, was im - mer ich hab, was ich
bin geb ich mit Freu - den, Ma - ri - a, dir hin.

wel - cher ich e - wig - lich kind - lich ver -
bin - de mich, ja mich mit Leib und mit See - le ver -
trau;

2. Sonnenumglänzete, Sternenumkränzete,
Leuchte und Trost auf der nächtlichen Fahrt!
Vor dem verderblichen Makel der Sterblichen
hat dich die Allmacht des Vaters bewahrt.
Selige Pforte warst du dem Worte,
als es vom Throne der ewigen Macht
Gnade und Rettung den Menschen gebracht.

125

3. Schuldlos Geborene, einzig Erkorene,
du Gottes Tochter und Mutter und Braut,
die aus der Reinen Schar Reinste wie keine war,
die selbst der Herr sich zum Tempel gebaut!
Du Makellose, himmlische Rose,
Krone der Erde, der himmlischen Zier;
Himmel und Erde, sie huldigen dir!

4. Du bist die Helferin, du bist die Retterin,
Fürstin des Himmels und Mutter des Herrn!
Spiegel der Heiligkeit, Stärke der Christenheit,
Arche des Bundes, hellleuchtender Stern!
Liebreich dich wende, Frieden uns sende,
Mutter, ach wende die Augen uns zu,
lehr uns in Demut zu wandeln wie du!

T: Kard. v. Geissel 1835 / H. Bone 1847 (nach älteren Vorbildern)
M: nach Einsiedeln 1773

Quellenverzeichnis

S.15/16: „Maria bleibt auch am Rande ..."; S. 25/26: „Maria lernte in ihrem Sohn ..."; S. 38/39: „Jesus versprach seinen Jüngern ...": © P. Gerhard Eberts;

S.32/33: Antje Sabine Naegeli: Herr, segne meine Hände, aus: Dies.: Du hast mein Dunkel geteilt © Verlag Herder GmbH, Freiburg im Breisgau, 7. Auflage 2009;

S.85, S.89/9o: Franziskus von Assisi, Brief an die Gläubigen II, aus: Lothar Hardick/Engelbert Grau, Die Schriften des heiligen Franziskus, ©2001 Verlag Butzon & Bercker, V.4; V.48-53; S.59f;

S.87/88: Franziskus von Assisi, Gruß an die selige Jungfrau Maria, aus: Lothar Hardick/Engelbert Grau, Die Schriften des heiligen Franziskus, ©2001 Verlag Butzon & Bercker, V.1-5; S.128f;

S.93-100: „Der Engel des Herrn", ein Gebet mit franziskanischen Wurzeln, aus: Im Land des Herrn – Franziskanische Zeitschrift für das Heilige Land, Nr. 1 (2007);

S.100-104: Wechselgebet: Der Weg Marias – unser Weg, von Othmar Eckert, in: Katholisches Kirchengesangbuch der deutschsprachigen Schweiz 1998, © Verein für die Herausgabe des Katholischen Kirchengesangbuches der Schweiz;

S.110/111: Pierre Stutz, Kraft zum Unterwegssein, aus: Ders., Taufgottesdienste; rex verlag luzern, 2. Auflage 2002

Bibeltexte: Einheitsübersetzung der Heiligen Schrift
© 1980 Katholische Bibelanstalt, Stuttgart